「漫说珠海」文旅丛书

丘树宏 主编

漫说
珠海 城

周西篱 何霖 著

广东旅游出版社
悦读书·悦旅行·悦享人生

中国·广州

图书在版编目（CIP）数据

漫说珠海. 城 / 周西篱，何霖著. -- 广州：广东旅游出版社，2024. 12. --（"漫说珠海"文旅丛书 / 丘树宏主编）. -- ISBN 978-7-5570-3472-6

Ⅰ. K926.53

中国国家版本馆CIP数据核字第2024095MB3号

出 版 人：刘志松
策划编辑：彭　超
责任编辑：彭　超　于洁泳
封面设计：谭敏仪
内文设计：齐　力
责任校对：李瑞苑
责任技编：冼志良

漫说珠海：城
MAN SHUO ZHU HAI：CHENG

广东旅游出版社出版发行

（广东省广州市荔湾区沙面北街71号首层、二层）
邮编：510130
电话：020-87347732（总编室）　020-87348887（销售热线）
投稿邮箱：2026542779@qq.com
印刷：广州市岭美文化科技有限公司
　　　（广州市荔湾区花地大道南海南工商贸易区A幢）
开本：787毫米×1092毫米　16开
字数：220千字
印张：15.675
版次：2024年12月第1版
印次：2024年12月第1次
定价：68.00元

[版权所有　侵权必究]

本书如有错页倒装等质量问题，请直接与印刷厂联系换书。

本书地图根据广东省旅游交通图[粤S（2012）017号]、珠海市旅游交通图[粤S（2006）033号]、珠海市地图[粤S（2021）211号]修编，不作为任何权属争议依据。

"漫说珠海"文旅丛书总序

丘树宏

（1）

认识一个城市，最简捷的一个方法是从这个城市的形象广告语入手。

让我们以珠海为例。

对于珠海，自从1979年建市、1980年兴办经济特区以来，人们印象比较深刻的城市形象广告语是这些：

> 珠海：现代化海滨花园城市。
> 浪漫之城，情调之都。
> 海上云天，天下珠海。
> 青春之城，活力之都。
> …………

而我，也曾经拟过这么几句——

> 珠海：一百多年前中国从大陆经济、大陆文化走向海洋经济、海洋文化的缩影，改革开放后中国从封闭经济、封闭文化走向开放经济、开放文化的窗口。

岭南之珠，浪漫之海。

海的珍珠，珍珠的海。

诚然，仅仅通过几句广告词去了解珠海，是远远不够的。如果能读到一些介绍珠海的文章，就可以获得比较详细的了解。

2022年8月24日，我在《羊城晚报》"珠海文脉"栏目刊发了长篇散文《海的珍珠，珍珠的海》，用三个字对珠海进行了概括性的介绍，摘录如下：

如果要用最简单的几个字来概括介绍珠海，我觉得三个字就可以了，那就是：海、香、珠。

这就是我个人的珠海"三元"说。

何谓珠海"三元"说？且听我细细道来。

第一元：海。这是珠海的底色——

任何一座城市，都是有她的色彩的。珠海的色调就是蓝色，因为珠海的前生后世，一直都与大海融为一体、从未分割，蓝色自然是她的底色。

第二元：香。这是珠海的味道——

珠海，是带着馥郁的香气出生的，此后，她的一生都洋溢出氤氲的香气。

战国时期，珠海为百越之地。秦始皇统一六国后，于秦始皇三十三年（公元前214年）在岭南设南海郡，珠海属南海郡辖地，后来曾属宝安县。

唐至德二年（757年），宝安县更名东莞县，珠海属东莞县辖地，并开始设置香山镇（今珠海市山场）。香山镇，是由于境内诸山之祖五桂山奇花异草繁茂，神仙茶丛生，色香俱绝而得名。

香，就是从这个时候开始成为珠海的代名词。

第三元：珠。这是珠海的特质——

珠海，第三元素是珠。珠海的"珠"，有两个内涵。一个是有形的，二百六十二个海岛是大大小小串起来的珍珠，整个珠海也像是一颗晶莹剔透的硕大珍珠。这是自然界的珍珠。二是无形的，珠海的特质，就像珍珠一样纯洁无邪、晶莹可爱。这是精神层面的珍珠。

（2）

然而，仅仅阅读几篇文章，对一座城市的了解也还是十分有限的，最好的办法，是亲自走进这座城市，亲自观察她、感受她。

当然，在这个时候，如果能有一套书写珠海、介绍珠海的图书供你阅读，那就最好不过了。

好的！我们这就为你送上一套"漫说珠海"文旅丛书。

"漫说珠海"文旅丛书分为《山》《水》《人》《城》《食》五本。

可以说，读了这五本书，你一定会对珠海有一个总体印象和了解的。

珠海的山——

对于山，人们并不陌生。然而珠海的山，却有着其独特之处。

珠海的山，与古地中海有关，与云贵高原有关，与珠江有关，与南海、太平洋有关。

珠海的山是岛，珠海的岛也是山。"珠海的山是昨天的岛，珠海的岛是明天的山。"

珠海的山不高，高山人为峰，有人山则名。

珠海的地域面积不大，却有着两百多个山和岛屿，是珠三角海岛最多的城市。

珠海的山连着海，连着海上丝路。

珠海的海连着山，连着陆上丝路。

珠海的山，总是让人充满想象力。

珠海的水——

珠海市领海线以内海域面积9348平方千米，是珠三角城市中海洋面积最大的城市。

珠海有江水，有淡水，珠江八个出海口，有四个从珠海流向大海。

珠海有海水，有咸水，有伶仃洋，有南海。

珠海，有的是咸淡水。

讲珠海的水，不得不讲高栏港，不得不讲宝镜湾摩崖石刻。

讲珠海的水，不得不讲万山要塞，不得不讲国际大西水道。

说到珠海的水，人们一定会想起七百多年前的崖山海战，一定会想起七十多年前的万山海战。

珠海的水，"——展现了相互联系的社会历史进程。它从自然之水而来，流经社会之水、经济之水、文化之水、未来之水"。

珠海的水，更是让人充满无限遐想。

珠海的人——

珠海的人，其实就是一般的广东人、岭南人、中国人。

然而，因为山海相连的缘故，因为咸淡水地理、咸淡水文化的缘故，使得珠海的人又与一般的广东人、岭南人不同。

务实而不保守，开放而不张扬，创新而不浮躁。

珠海人最早出洋看世界，最早从海外回望中国，让珠海包括曾经叫作香山的这个地区成为中国近代文化的一座高山，成为中国近代史的摇篮，摇出了影响中国和世界的伟人，摇出了一个伟大的名人队伍，摇出了推进中国近代史进程的伟大思想。

"中国近代史是珠海人历史的最重要的时段，同时珠海人对于中国近代史有着不可取代的非凡意义和广泛领域的影响力。"

珠海的人，让了解他们的人们充满崇敬。

珠海的城——

二十世纪八十年代初，香港某电台曾经说过一个谜语：只有一条街道、一个红绿灯、一个交通警察、一间百货商店的内地新兴城市是哪里？谜底是珠海。

这个谜语虽然有夸张和调侃的味道，有些人也不是很赞同，但我认为从城市建设这个角度看，还是很形象和确切的。

然而，四十多年后的今天，珠海却已经建设成一个国内外闻名遐迩的现代海滨花园城市。

珠海渔女，情侣路，日月贝，横琴岛，港珠澳大桥……小小的珠海，竟然有那么多、那么美、那么著名的城市标志。

"这座年轻的海滨城市，她那么明亮，每一天都比昨天更美，所有在此居住、到此流连的人，都因她而更加热爱生活、期待未来。"

实际上，在香港那个谜语出现之前，珠海就已经拥有了宝镜湾摩崖石刻、甄贤学校、梅溪牌坊、唐家共乐园等古老而宝贵的自然人文地标。

珠海的城市，是让人充满向往的城市。

珠海的食——

从"海底牛奶"叠石蚝油到横琴蚝，从海岛海鲜到白蕉鲈鱼，珠海在不断演化着咸淡水地理的美食文化。

那么多的人寻味白藤湖的"无情藕"，心底里却流露出丰富多彩的情缘。

那么多的人寻味伶仃岛的"将军帽"，言谈中却吟哦着文人墨客的诗句。

"在传承中发展，在交流中融合，在碰撞中创新，年轻的、活力的珠海，在美食中展现出了独树一帜、与众不同的一面。"

广府菜、客家菜、潮州菜，与珠海的本帮菜相交融。

湘菜、川菜、江西菜、贵州菜，在这里同城斗辣味。

葡国菜、日本菜、印度菜，异国风味摇曳飘香……

珠海的美食，总是让人流连忘返。

（3）

我们是这样考虑"漫说珠海"文旅丛书的创作总体思路的——

在学术指导上：在文旅大融合的背景下，在充分研讨和严格把关的基础上，以中国特色山水文化观照珠海，从珠海透视中国特色山水文化，使中国特色山水文化成为中华民族共同体的基本文化，并且走向世界，成为建设粤港澳大湾区、共建"一带一路"、构建人类命运共同体的文化纽带，充分彰显珠海的江海文化特色。

在写作视角方面：一是采用珠海视角、湾区视角、中国视角、世界视角。也就是说，既要有珠海本土视角，也要有异乡旁观者的视角，当然还需要更大视角来写珠海。二是作者视角上"有我无我"：既要有"我"的在场感，就是旅游个人体验，也要有无我的知识厚重感，也就是跳出"我"。

在写作方法方面：一是从大到小来写珠海，从世界、中国视角写起。二是从小到大，文章以小切口入手，讲好每个故事，有细节，有趣味，做到深入浅出、雅俗共赏；同时又从小切口来回应大时代，通过珠海的城市变化反映中国的城市变化。三是采用专题写作，取法其上，得乎其中，避免切割式写作。文字表达体现一个"活"字，阅读体验感要好，对读者的知识需求有益，适合游客尤其是年轻游客。

每一个城市都有她的过去、今天和未来，一套文旅著作，描绘的重点当然是今天，"漫说珠海"文旅丛书同样如此。然而，由于珠海曾经属于香山包括中山，有八百多年历史，而建制独立后的人们对这一段历史则多有认识不足，因此我们有意突出表现了珠海与"香山"的关联，包括自然和人文两个方面的来龙去脉、渊源基因等，都给予了不少的笔墨。我们觉得这样做是有道理的，更是有意义的。

"漫说珠海"文旅丛书是行走的文化散文。

本套丛书以旅游为载体，以文化为灵魂，通过行走的方式，将可游可感的风景及背后的文化和故事，以散文式、随笔化的语言呈现出来。

本套丛书所指的文化，重视"文"，更重视"化"，"文化"不仅凝聚在高文典册上，是一种知识或者符号，更渗透在日常生活中，成为生活中的日常和共识,进而成为珠海的城市风骨和人文精神。

"漫说珠海"文旅丛书是一套大家小书。

本套丛书强调作者行走的体验性、在场性,需"入乎其内",但又要"出乎其外",有"他者"的视野,并彰显学术的高度、知识的广度,既有原乡人的看法,也有异乡人的观点,从而区别于一般的游记。概括地说,本套丛书,是专家学者采取"漫说"的方式,在知后行,行后知,以浅显易懂、明白流畅的语言传达珠海的山水人文,是学者的散文,但又不受制于散文的文体。

"漫说珠海"文旅丛书,用"漫说"的形式,抒写"浪漫"的珠海;以文字的珍珠,表现珍珠的海。这就是我们的初衷。我们是这样想的,也是这样做的,期望能达到我们的初心。

"漫说珠海"文旅丛书讲究图文并茂。

图片也是内容,作者不仅需提供隽永的内容和优美的文字,还是珠海风景的拍摄者、发现者、展示者。当然,珠海市文化广电旅游体育局、广东旅游出版社也为此做了诸多努力。

《山》《水》《人》《城》《食》,以自然的"五味子"漫说珠海,以人文的"五味子"漫说珠海,丛书会告诉你一个无限精彩的珠海,交给你一个难以忘怀的珠海,送给你一个永记心中的珠海。

《山》《水》《人》《城》《食》,都在漫说着这八个字:"海的珍珠,珍珠的海"——

有一个花园城市是哪里?
有一个花园城市是珠海。
一个比一个美丽的花园啊,
装扮成花园般的珠海。

有一个海滨城市是哪里?

有一个海滨城市是珠海。
二百二十七公里的海岸线啊，
环绕成黄金海岸的珠海。

有一个百岛之市是哪里？
有一个百岛之市是珠海，
二百六十二个海岛是海的珍珠啊，
二百六十二个海岛连成珍珠的海。

啊，珠海，珠海，
海的珍珠，
珍珠的海！

囿于水平，"漫说珠海"文旅丛书难免有错漏谬误之处，谨此，恳请读者鉴谅和批评。

2024年7月11—12日初稿于九连山下
2024年8月31日二稿于珠海、中山

目 录

第一辑　历史之城 / 001

　　我从大海来 / 003

　　走进草堂湾 / 008

　　向海而歌 / 012

　　香山场 / 015

　　十字门海战 / 020

　　斗门墟与旧街 / 024

　　南门菉猗堂 / 028

　　前山寨 / 032

　　长南迳古道 / 038

　　拱北关 / 042

　　东澳岛探秘 / 046

　　大王角灯塔 / 051

　　香洲开埠 / 055

　　苍苍横翠微 / 061

　　永远的唐家湾 / 065

　　三灶岛沦陷 / 071

华侨往事 / 076

第二辑　文化之城 / 081

闲居金台寺 / 083

凤凰山下怀古庵 / 087

容闳故居 / 090

梅溪牌坊 / 097

鹅岭共乐园 / 102

会同古村 / 107

栖霞仙馆 / 111

买办之乡 / 115

走过苏家巷 / 120

白石街纪事 / 124

北山村 / 128

白鹤之舞 / 133

野狸岛纪游 / 138

日月贝大剧院 / 142

一座书城 / 146

大学小镇 / 151

第三辑　红色之城 / 155

信仰的力量 / 157

淇澳岛风云 / 161

永远的丰碑 / 164

热血染香洲 / 169

红色印记 / 174

凤凰山烽火 / 177

版画刻绘延安精神 / 182

第四辑　湾区之城 / 187

横空出世，琴鸣天下 / 189

一条路，一座城 / 193

虹跨伶仃洋 / 197

"机翼"上的新城 / 202

遇见珠海 / 206

森林之城 / 209

都市里的村庄 / 213

和台风一起路过 / 216

牵手与守望 / 220

穿过湾区的目光 / 223

后记 / 228

参考文献 / 231

第一辑

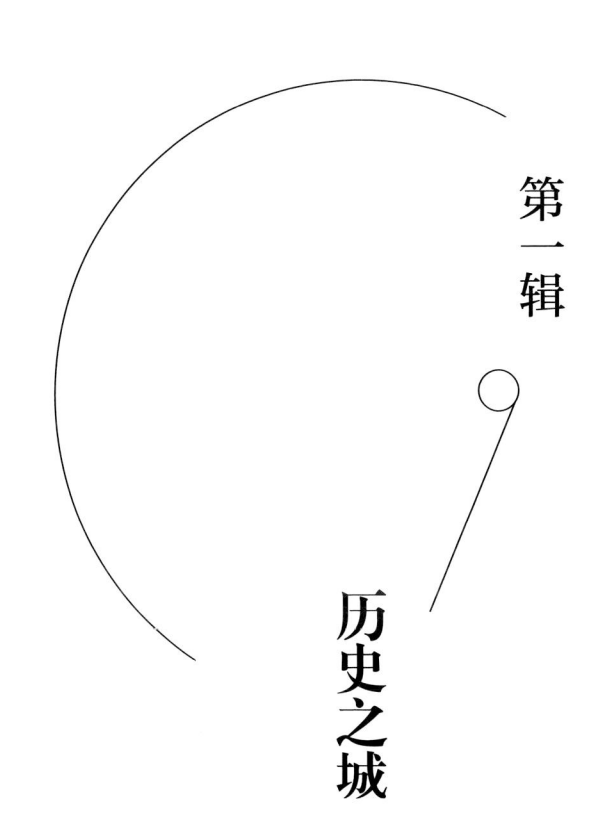

历史之城

北京的胡同多，上海的弄堂多，成都的巷子多，珠海的河流多。河流将珠海分割成山脉、海岛、沙丘、台地，河流奔涌成珠海的血脉，积淀出6000年的文明史。"五门"之水汇流入海，海洋文明成为珠海"商业意识、冒险精神、开放心态、包容性格"的最初源头。当那些古驿道、古城墙、十字门、隘口、商埠等遗迹出现在我们面前的时候，有一缕叫作"历史"的光芒，正穿越一扇扇时间的门扉，进入我们的视野，让我们茅塞顿开，使我们大彻大悟……

我从大海来

珠海，位于广东省珠江口的西南部，东与香港隔海相望，南与澳门相连，陆地面积1725平方千米，领海基线以内海域面积9348平方千米，下辖香洲区、斗门区、金湾区3个行政区，是粤港澳大湾区节点城市。港珠澳大桥的开通，使它成为中国大陆唯一一座与中国香港、中国澳门同时直接陆路相连的城市。

依山傍海的珠海，是"幸福之城"，是"浪漫之城，百岛之市"，如同一颗璀璨的明珠，屹立在伶仃洋畔。

▲ 俯瞰珠海

1984年，考古工作者在珠海淇澳岛后沙湾发现了彩陶碎片、石斧等文物，通过研究这些属于新石器时代的磨制石器和陶器，远古历史的画卷徐徐展开……

后沙湾遗址，不仅是珠海，也是整个环珠江口地区沙丘遗址的典型代表。根据考古学家对以海洋文化为典型特征的沙丘遗址的研究，将新石器时代中期的人类生活与环珠江口地区史前文明的源头连接在了一起：大约在距今7000至6000年前，粤港澳大湾区的珠海、澳门，已经成为我们今天所见的岛屿，并在岛屿上形成了众多的沙丘、沙堤，成为珠海先民最早的聚居地点，是珠海史前海洋文明的开端。距今四五千年前，原始部落人群在凤凰山脉周围和珠江口一些海岛的沙丘、山岗、台地上留下了遗迹，先民在这里劳动、生息、繁衍，他们已经逐步制造出适于近海航行的渔船，发明水上停船技术，创造出不同于农耕文明与游牧文明的早期人类生存方式——海洋渔业文明。

战国时期，此地为百越之地。

秦始皇统一中国后，于秦始皇三十三年（公元前214年）在岭南设南海郡，珠海属南海郡辖地。汉初其为南越国辖地，汉元鼎六年（公元前111年）属番禺县辖地，三国时期属吴国辖地。东晋咸和六年（331年），分南海郡之东为东官郡，珠海属东官郡辖地。至南北朝，刘宋元熙二年（420年）又改东官郡为东莞郡，珠海便属东莞郡辖地。隋开皇十年（590年），它属宝安县辖地。

海上贸易出现后，珠海就是重要节点，先民们参与海上航道开发。汉唐以来，这里成为广州与中东、非洲和欧洲海上贸易必经之路。

唐宋时期，珠海地区山场一带盐业经济发达，盛极一时。唐宋以后，珠海地区是广州到阿拉伯国家海上商道重要"驿站"。郑和七下西洋，也多次通过珠海海域，其诸多海岛为《郑和航海图》上的指路地标。

唐至德二年（757年），宝安县更名东莞县，珠海属东莞县辖地，又设香山镇（今珠海市山场）——它是因境内五桂山"异花神仙茶"丛生且色香俱绝而得名。唐代之后，经五代和宋代，香山镇仍属东莞县。北宋元丰五年（1082年）设香山寨，仍属东莞县。自南宋起，至民国时期，属中山县（原名香山县）辖地。南宋绍兴二十二年（1152年），将原属东莞县的香山寨划出，并把南海、新会、番禺、东莞4县的部分海滨之地，置香山县，隶属广州府。直至清顺治二年（1645年），香山县仍隶属广州府。清光绪二十八年（1902年）至宣统元年（1909年），其隶属粤海道。宣统二年（1910年）以后，隶属中区绥靖公署管辖。1912年，香山县直属省辖。1925年4月15日，为纪念孙中山先生，香山县改名为中山县，属广州行政区管辖。民国二十五年（1936年），中山县属省府直接督察区管辖。

明清时期，珠海海域是外国商船来华的重要泊船地，成为中国重要的对外贸易口岸。澳门开埠后，珠海海域商船往来更为繁忙。

中华人民共和国成立后，中山县隶属珠江专区。1952年，隶属粤中行政区；同年末，建立渔民县，宝安、东莞、中山3县所属海岛为渔民县的行政区域，由粤中行政区领导。

1953年4月7日，渔民县正式定名为珠海县。中山县属的中山港乡、东莞县属的万顷沙及珠江口外附近的三灶岛、大横琴岛、小横琴岛、南水岛、北水岛、高栏岛、荷包岛、淇澳岛、龙穴岛、内伶仃岛、外伶仃岛、三门列岛、万山群岛、担杆列岛、佳蓬列岛等100多个海岛全部划归珠海县，县政府设于唐家，隶属粤中行政区管辖。

1959年3月22日，珠海县撤并入中山县。

1961年4月17日，恢复珠海县建制，县政府驻香洲。

1979年3月5日，珠海县改为珠海市，同年11月定为省辖市。

1980年8月5日，中华人民共和国第五届全国人民代表大会常务委员会第15次会议批准在珠海设置经济特区。从那时起，原本默默无闻、经济落后的珠海，立刻掀起了建设热潮，激情燃烧的岁月开始载入史册。

珠海，是中国最早实行对外开放政策的四个经济特区之一，设有拱北、横琴、青茂、港珠澳大桥珠海公路、珠澳跨境工业区5个陆运口岸，九洲港、湾仔港轮渡客运、珠海港、斗门港、万山港5个水运口岸，共10个国家一类口岸，是仅次于深圳的中国第二大口岸城市。

1984年，对于年轻的珠海来说具有特别的意义。年初，改革开放总设计师邓小平同志第一次视察珠海，充分肯定试办经济特区和对外开放的决策，为特区的建设发展"保驾护航"。这一年6月，原珠海县大部分地区设立为香洲区。香洲区充分发挥毗邻港澳的地理优势和侨乡优势，依靠引进外资发展逐步形成了以电子、化工、通讯、医药、塑料制品等为主的工业体系。进入21世纪后，又用足、用活招商政策，迅速形成电子信息、生物技术、精密机械等产业集群。

2001年4月，国务院批准，撤销斗门县，设立珠海市斗门区和金湾区。

2009年，横琴纳入珠海经济特区范围。

2010年10月1日，珠海经济特区范围扩展至全市。

2015年3月24日，珠海横琴新区被纳入中国（广东）自由贸易试验区范围。

进入新时代，珠海瞄准全球前沿技术和产业变革方向，开始向着高度知识密集、科技创新驱动的全新层级全力飞奔，推动智能家电、打印耗材及设备、智能装备制造等主导产业集聚发展……

40年沧桑巨变，如今的珠海，已经从只有"一条街道、一个警察、一个红绿灯、一间百货店"的边陲渔村，蝶变为现代化滨海花园城区，成为中国新时代改革创新发展的窗口之一。

珠海自古以来便是岭南文化重镇之一，广府文化、客家文化、疍家文化、潮汕文化在此交相辉映，粤语、客家话、闽南语和普通话此起彼伏、悦耳动听。秦统一中国后，中原文化和岭南百越文化开始碰撞、交融。珠海曾与中山、澳门同属香山县，可谓血缘同宗、历史同源、文脉同根，同属岭南文化、香山文化生态群落，又在与外来文化的长期交流、碰撞、融合过程中，形成了海纳百川、兼收并蓄的精神品格，是维系海外侨胞、港澳同胞乡情的精神纽带。这里的疍家人也称作"水上人"，广泛分布于珠江水系的江面和沿海地区，以舟楫为家，傍水而生。珠海斗门，是疍家文化沉淀最为丰厚的原始区域，别具一格的服饰饮食、婚丧嫁娶习俗、待客礼仪、节庆游乐、民族工艺、建筑风格等，形成绚烂的民俗文化景观。明清时期，大量客家人从梅州、河源、韶关，以及江西、广西、福建等地迁入，形成近百个客家自然村落，客家文化也成为其地域文化的重要构成部分。

珠海有全国重点文物保护单位3处、广东省文物保护单位23处、珠海市文物保护单位39处。珠海有丰富多彩的非物质文化遗产，共44项，其中国家级就有4项，省级12项，市级28项，斗门水上婚嫁风情、三灶鹤舞、一指禅推拿等闻名遐迩。珠海还有国家4A级旅游景区如珠海圆明新园、东澳岛景区、外伶仃岛、罗西尼工业旅游点、珠海市御温泉渡假村景区、珠海市汤臣倍健透明工厂景区等。

美丽的珠海，永远春深绿厚，花香馥郁。五彩缤纷的簕杜鹃装点着城市的大街小巷，高大的红花紫荆朝气蓬勃地挺立在道路两旁，悠远的蓝空里海鸥翩飞。

若是置身闻名全国的情侣路，你会看到天空里云流镶金，碧海上水波缥缈如银。请聆听，城市的声音，恰似春雷滚滚，由近而远，又由远而近……就像是涌动的春潮，像是奋发而为的冲动，是充满活力的城市满溢的力量。

走进草堂湾

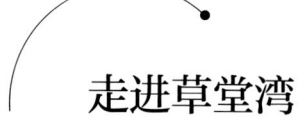

三灶是珠海西南面的一个小镇,也是一座岛屿,在我那张翻烂的《珠海地图》上,它就像一条吃饱了撑着的鳄鱼,腹部隆起,头部鳄鱼岛将南流的黄杨河分叉成鸡啼门和草堂湾水道。此时,我就在草堂湾的金海东路上像海风一样行走,像鸥鸟一样呼吸。

以前,去草堂湾,看见草丛野花间翩飞的蝴蝶,心情极为舒畅。换个角度极目远眺,又仿佛看见吉林大学珠海分校(现在叫珠海科技学院)的学生情侣们之间暗香浮动,充满恍惚与躁动。

平庸的生活使我对所有的传奇持有怀疑态度,直到目睹草堂湾的存在。草堂湾距三灶镇政府所在地约5公里,海湾呈南北走向的弯月形,湾口之后就是宽阔的伶仃洋了。每次去草堂,我的脑海里总是浮现草堂湾的场景,它就像有一根看不见的丝线,牵动我非要到草堂湾走走的心弦。是因为草堂湾有4000多年前先人生活捕鱼的沙丘遗址?还是那里的山风和海语?

"哗——哗——"一道道海浪泛起银色的涟漪,一齐扎进沙丘里。远处的海鸥伴着海浪声正翩翩起舞,围绕着渔船上的渔获上下翻飞。渔民们用刻有纹路的石器、陶器生产生活。夕阳西下,劳动了一天的珠海先民们正划船靠岸、收网回家。这或许就是数千年前,先民们生活劳作的场景之一。

过去的草堂湾有滩涂、海堤、平地、农田,南、北两端的山岗伸入海湾而呈岬角之势。春天到了,草堂湾便开始热闹起来,柳树虬曲,溪流叮咚,野花盛开,彩蝶纷飞。在沙滩上行走,一大片芦苇随风摇曳,随即惊起一群怯生生的水鸟，又迅速穿入一片迷蒙的烟岚中。大海茫茫，我站在草堂湾的山坡上，那意境，那情调，只有用心去理解，才能真正领略到它无限深邃的丰富内涵。

现在的草堂湾与过去的草堂湾有着本质上的不同，分别演绎着各个时代的社会变迁和历史故事。那些曾经的沙田和海堤、溪水和野花、渔船和农具，已经被八车道的金海东路以及宽阔海堤上的广珠铁路专线所取代。站在青石铺就的海堤上，扶着栏杆远望，野渡无人，只有伶仃洋的波涛混着过往飞机的轰鸣在耳边回响。在海堤上踱步，我的心中就常在猜想百年前甚至千年前这里曾是怎样的容貌，并试图在空间中寻找某些细微的暗示和历史发生的证据。岁月拒绝了我的追忆，我的思绪被喋喋不休的海浪融化。转头眺望，天空湛蓝，客机带着银亮的光泽，在天空划过一条优美的弧线，降落的姿势充满细节。

我带着一种寻根觅祖的目的，试图寻找6000年前海平面达到今天的高度时，先民们在何处登陆三灶岛。但草堂湾早已大变样，要真正找到确切的位置，并不是一件很轻易的事情。

于是我只能借道草堂湾遗址，去寻找先民们生产生活的足迹，希望收获惊喜和意外。草堂湾遗址就在轿顶山和观音山之间的谷地，周边曾是溪水流经的农田。要去该遗址，就得进入珠海科技学院，因为遗址就在校园里的沙丘上。

这是一个很大的校园，导航也给不了准确的位置。在保安的指引下，我沿着校道慢慢前行，道路两边密密麻麻种着数米高的竹子。我要找的沙丘遗址呢？未有明显标识，但种种迹象表明就在附近。透过竹子间的缝隙，一边是学生们三三两两地进出，周末的时间介入了他们的生活；另一边则是种满榕树的绿道和小山坡，甚至隐约还见到一个废弃的车站标识牌。这难道是封闭了的遗址？没法，再次请出保安，他顺手往身旁竹子的缝隙一指，在小山坡的路口横立着一块大理石，上面标着"草堂湾遗址，广东省人民政府2012年10月20日公布"。原来，这就是孕育几千年海洋渔业文明的珠海先民们生产生活之地了。

据1989年的考古发掘，草堂湾遗址主要是新石器时代晚期和夏商周两期文化遗存，面积6500平方米。新石器时代晚期遗存距表土2.7—3.7米，距今约4800

年，出土尖状石器、砺石、陶釜、陶罐、陶钵，陶器质地主要有夹砂陶、泥质陶，器表饰有绳纹、刻划纹、编织纹等。夏商周两期文化遗存距地表0.4—0.6米，距今约3700年，出土石器有双肩石斧、石锛、石刀、砺石、石锤，出土陶器有陶釜、陶罐、陶钵等。草堂湾遗址中还有许多未被证实的猜想，等待更加先进的考古手段的出现和人力、物力的支持。曾经参与草堂湾遗址开掘的珠海博物馆原副馆长梁振兴说："这里第一期文化遗存的土层，颜色比较深，跟浅色的沙丘区别很大，其中黑色的东西是什么？我认为极有可能是动物的腐殖质，这是当时人们捕猎的证据。"

草堂湾遗址埋藏着丰富的石器和陶器，即便一片片冰冷清凉，一件件默默无语，而且是粗糙的、不规整的、残缺不全的，但它们的灵魂都闪烁着历史的光芒，保存着古越先民渔猎生产生活的历史信息。

岁月虽然给遗址造成了残缺，但也使我们专注于它的细节，并在残缺中获得无限丰富的想象。出于好奇，我更加坚定了要探寻这个遗址的心。

我找了个突破口，沿着绿道小径独自走向小山坡。我在大理石铺就的路径和六角水泥砖铺就的上山小道上小心翼翼地前行，生怕错过一块石器或一件陶片。我对于密林中不时传出窸窸窣窣的声音有些畏惧，生怕突然窜出一条毒蛇来终止我的行程。

山上荆棘丛生，树藤交错，就像进入原始森林，眼前除了绿叶还能显示生命的迹象外，尽是枯枝败叶。我在蜿蜒的山路上兜兜转转，仍然找不到那些承载着几千年信息的"文明的碎片"，无从发现"珠海渔民"到此生活的遗迹。心有不甘，但还是遗憾下山。转念一想，文物都已采用了最好的方式保存，这就是最好的结局。尽管今天在这里未能找到更多几千年前的痕迹，但文物依然能点亮我们记忆的火光。

目前，该遗址未被开掘的部分都得到了保存。"我们对草堂湾遗址的处理就是保护性留存，那一片区域禁止用于建设或者耕种。"梁振兴说，"目前最重要的，是培养市民保护文物的意识，避免一时的失误导致人类文化遗存永久

▲ 走进草堂湾

消失。"

　　离开草堂湾，车子在珠海大道上奔驰，历史的表象逐渐消失在视野之外。这时我才发现，时间不可能完全和记忆相对应，就像地图不可能完全和草堂湾遗址相对应。

向海而歌

"珠海有百岛。"

"不止。珠海有147个海岛。"

"啊，那么多？"

"是的。不过，这147个海岛中，只有12个海岛有人居住，包括桂山岛群、万山列岛群、外伶仃西南海域岛群、担杆列岛群、高栏岛群，有135个海岛是无人居住的。"

"哇，你知道那么多，厉害！"

"当然了，到珠海，就要做足功课。"

一个烈日炎炎的暑假，我应中华文学基金会的邀请，给粤港澳大湾区少年作家营讲课。少年作家营驻扎于珠海容闳书院，在去书院的大巴上，孩子们的对话让我怦然心动。当天，我的讲座的核心是"如何讲好复杂的故事"。

讲座结束后，我决定将下次讲座的主题定为"如何讲好简单的故事"。我约珠海的作家朋友，第二天一起去探访高栏岛"岭南第一"岩画。那是史前海洋文明的见证，早在2006年就被国务院列入第六批全国重点文物保护单位。

高栏岛四面环海，是古代海上丝绸之路的天然海岸航标，高栏又称"皋兰"。高栏岛群包括高栏岛、荷包岛、大襟岛、大芒岛、三角岛5个大岛，以及其他29个小岛。我们驱车从香洲出发，一路往西南行驶，不到两个小时，就接近了崖门口东侧、鸡啼门出口处的高栏岛。这里差不多就是离市区最远的地方了，岛上植被茂密，逶迤起伏的山脉与曲折迂回的海岸线就在眼前。20世纪80

年代以前，岛屿与大陆之间尚有宽阔的水域，随着岛屿开发建设的推进，一条连接大陆与岛屿的大堤已经筑就，我们可以直接驱车上岛。

　　岛上有著名的"飞沙奇景"。岛东部有罕见的大飞沙滩，由两侧石山挟抱，还有宽阔的防风林相护，约15公里的地域已规划为国际性旅游胜地。还有其他7个沙滩，包括白沙湾、西沙湾、蟹钳湾等，连绵不断。朋友极力邀我去欣赏这些风景各异的罕见的岛上沙漠，我却固执地坚持要去南迳湾。

　　南迳湾，湾口呈长方形，朝西南。南迳湾之南的这个有着金色沙滩的小湾，就是我思念已久的宝镜湾，它因海湾之中的礁石上刻有形似宝镜的图案而得名，它的沙滩金黄，海水碧蓝，是一个天然的避风港。

　　我们伫立礁石之上，面对的正是紧依海湾、与沙滩相连的风猛鹰山，它的海拔只有157米，大自然的风风雨雨，在隆起的山体上留下一道道垂直而下的沟壑。这里如此安静，时光似乎停止前行，水天一色，山与海共同思考亘古的或者是未来的问题。

　　如果不是那些岩画被发现，人们怎会知道这是一个神秘的所在？

　　这里沙丘连着山岗，沙滩至风猛鹰山半山腰大约20000平方米的范围内，古先民留下了各种遗迹遗物，大大小小的柱洞，各种陶器，1000多件与捕鱼有关的网坠、沉石、石锚，等等。其中一件花岗岩石锚长径33厘米，短径27厘米，厚13厘米，重18.5千克，腰部凿有用于系绳索的槽，是我国出土的同时期（4000多年前）文物中最大一件石锚。

　　更为令人惊叹的，是分布于宝镜湾沙滩南端的"天才石"岩画、风猛鹰山山脚松林间的"宝镜石"岩画、半山腰的"大坪石"岩画和三幅"藏宝洞"岩画，以及山顶的岩画。1989年，考古工作者在高栏岛进行文物调查时发现了宝镜湾遗址，经鉴定，这些岩画成画时间在距今约4000多年至2000多年之间，属新石器时代晚期。1998年，考古工作者发掘宝镜湾遗址期间，在风猛鹰山顶又发现一处岩画，填补了珠江口一带没有发现岩画的空白。

　　5处7幅岩画均阴刻于平整的大石面上。我们的祖先信任崖石，他们坚信刻在崖石上的会永在。这些古老的岩画就记录了珠海先民与山相依、与海相伴的史前生活。先民们以石头为笔，在崖石上刻写，以此讲述远古群体的生活和历史，以及他们的想象和愿望。在文字出现以前，远古岩画所反映的内容，成为人类历史最早的"文献"，它们不仅仅是记录"史实"，其中也注入了祖先们的思想和情感。今天的人类解读其神秘的内容，心会被打动，情感会产生共鸣。

被悉心保护起来的"藏宝洞"巨幅岩画，长5米、高3米，是该区域内容最为丰富、最大的一幅岩画。过去当地老百姓传说此处是清代海盗张保仔的藏宝地，巨幅岩画就是他的"藏宝图"。

这幅画描述的是海上的情形，平面的造型天真纯朴，似乎并无关联的图像一个个组合一起，图形重复，没有近大远小的透视关系，图画正面显示的物象虽然极度简化，但抓住了基本特征，既写实又抽象：以船形为中心，周围有舞蹈人形、波浪纹、蛇纹、屋形纹等，密集而复杂的图案，描绘了大海上的四只船，大海波浪起伏，祭祀仪式在举行……

这些珍贵无比的岩画，是南粤先民历史文化的载体。多么丰富的表现，多么美好的远古充满生活真实的宏大场景，显示出数千年前古代先民和海洋文明的活跃的生命力。数千年前，珠江口的古代先民已经驾船出海，已经有了图腾崇拜，有了心中的神。他们以渔为生，傍水而栖，向海而歌，生生不息。

宝镜湾岩画的发现，吸引了国内国外众多专家学者的参观考察。2005年5月4日，精神矍铄的著名汉学大师饶宗颐先生到此考察之后，情不自禁，留下美丽诗句：

访宝镜湾岩画

夹道蕉林迓远人，参天石壁尚嶙峋；
长桥千里通南北，大地云山一片春。
归路烟波接混茫，飞虹天际闪孤光；
千年岩画谁疏凿？又欲回车问夕阳。

香山场

历史，大多是严实的，如同置身于一座大门紧闭的古宅。只有在锈迹斑斑的门闩被打开时，我们才可以透过门缝，看到某些历史的身影飘然而来，成为一种风景。

香山场便是这样一种风景。

香山场又称山场，是历史上香山县最早的政治和经济中心，位于今珠海市凤凰山之南麓、距香洲区行政中心正北约2000米处的梅华西路一带。远古时代的珠海地区，只是珠江出海口伶仃洋上的岛屿，辽阔的海洋为珠海地方渔业、盐业的发展提供了基础和条件。唐初，这一带隶属东莞县管辖，官府在濠潭村设立文顺乡，管辖今石岐、南朗、三乡、前山、南屏、唐家等沿海陆地，可谓是今中山、珠海地区最早的行政机构。唐至德二年（757年），东莞县官府因这里盛产海盐，在文顺乡境内设置了军事重镇香山镇。古代凤凰山与五桂山同称五桂山，史志记载，五桂山盛产"异花神仙茶"，香闻十里，色香俱绝，故得名"香山"。

2024年春分过后，我就带着花开的喜悦，走在香山场的路上，看人情世故，遇车水马龙。我心生疑惑，约1300年前的山场有海盐、银矿，那是怎样的一种存在？我无法不去探究山场在珠海历史长河中的印迹。

史书记载，历代"东南盐务纷繁，而香山为产盐之区"。香山盐场肇始于唐初，兴盛于两宋，明清以后由于自然环境的演变逐渐萎缩乃至淡出历史舞台，今天这一地区仍是珠海追溯香山文化之根的首选之地。

从唐代到北宋，珠江口西岸香山地域大幅扩展。以今日地域言，其北段从大良地段扩至黄圃地段，中段从江门地段扩至礼乐地段，南段从司前地段扩至双水口地段。更南面的牛扑岭和黄杨山周围的浅滩和小岛也处处成陆，吸引了不少人口到此定居，有人开始在这里围海煮盐，这里成为香山场早期的盐业生产活动场所。

至宋代，香山岛沿岸周围沙石沉积面扩大，又因宋辽战争、宋夏战争，大量人口南移，岛上居民逐渐增多。大量来自北方内地农耕经济比较发达地区的移民，带来了香山沙田开垦和经济社会发展所需的经验、技术、资金和劳动力，其中有相当一部分人专门从事盐业生产。因此，香山除了渔、盐生产较盛外，农业生产也有所发展，加上鸡拍村（今银坑社区）银矿的开采，其经济地位渐显重要。

当时"东南盐利视天下为最厚……其估利有至十倍者"，巨额利润极大地刺激了盐业的迅速发展。广东制盐业于是成为宋朝经济的重要组成部分，所谓"今日财赋，鬻海之利居其半"。盐业经济给王朝带来巨大的财政收入。

北宋时，岭南地区的盐场就有15个，到南宋初增至26个。珠海地区的盐业生产也是从宋代开始才真正发展起来的，其主要盐场分布在金斗湾内。金斗湾就是今天的山场—坦洲—六乡一带，泛称"金斗盐场"。当时这一海湾地带成陆不久，形成大量滩涂或浅海湾，具有兴办盐场或盐栅的优越自然环境。

在金斗湾诸多的盐场中，香山场是其中最主要的一个，位于当时香山"南一百五十里，地名濠潭"之处。此区域为珠海腹心，东眺香炉湾，北依凤凰山，遍及方圆十里。香山场古称山抵埔，西晋末年，易称濠潭。据记载，鼎盛时，这里从事盐业的人员多达1300人以上。

当时政府为了推动当地盐业发展，一度放开了海盐的价格，只酌收税项，食盐可以在市场上交换买卖。这一举措极大地促进了珠海地区盐业经济的发展，盐业生产日渐活跃，中小盐业主如雨后春笋，应运而生。盐业生产因受到政府的重视，出现了较快的发展势头，香山场的盐业生产从此开始一直延续至明清时期。

这个时期香山场生产的粗盐须经跨珠江口的船运往东莞，再由东莞运至广州，方能分发各地，已有诸多不便。且除了食盐，还有银矿、税银，增加了船运压力，也增加了被海盗打劫的可能性。此外，香山寨生员赴试，也都要跨海至东莞，而东莞县对香山的管辖实在是鞭长莫及。因此，从香山寨士绅到东莞县官员，都极力主张香山应分县而治。再加上此时南宋政治偏安的局面已稳定，香山行政升格的条件已经成熟。

南宋绍兴二十二年（1152年），香山寨的陈天觉向东莞知县姚孝资建议改香山寨为香山县。姚孝资深虑再三，觉得言之成理，就请州府上奏朝廷。

朝廷很快准奏，划出东莞县、番禺县、南海县、新会县的部分岛屿归香山，县名沿用"香山"，县城就设在香山场。香山县设立后，下设10个乡，其中今山场、前山、唐家、下栅一带当时为长安乡，今斗门区的主体当时为潮居乡。香山设县之后社会相对安定，从事盐业生产的劳动力充足，这一切都为本地区盐业的快速发展提供了良好的条件，延续几百年的香山文化从这时正式拉开序幕。

历朝《香山县志》记录香山的沿革，都提到了陈天觉这个建县的关键人物，把他列入名贤录，以彰其立县之功。陈天觉，名元英，字天觉，号香叟，祖籍南雄珠玑巷，迁居文顺乡仁山下（今石岐），香山建县后迁居虎涌（今中山市东区库充村）。他自幼好学，颇有文名，南宋绍兴三年（1133年）中举人，绍兴八年（1138年）试博学宏词科，特赐进士，授朝议大夫。

元代广东盐场共有17处，到至元三十年（1293年）仅剩下14处，较原来有所萎缩，原因是香山县邑迁石岐，政治中心转移。尽管如此，香山场一直维持生产。当时元政府设香山盐场司令（从七品）一员、司丞（从八品）一员、管勾（从九品）一员，并副管勾一员、典吏一名、场吏二名，负责香山场盐业管理。但由于王朝更替，社会动荡不安，元代香山场的盐业生产水平比宋代要低。

明初，香山县人口约5万，而聚集在香山场附近的就有1000余人，是全县区域内人口密度最高的地方。

自香山场成为香山县的经济、文化中心开始，就不断吸引着珠三角地区的民众前来定居或从事商贸活动。频繁的人文商贸往来，促进陆路的成型，而由于海岛地形的限制，最早的陆路便取道于凤凰山上，并由官方主持在凤凰山上修筑了驿道，为地区经济的繁荣、人员的往来提供了便利。在清朝，更是将驿道延伸至澳门，为香山地区与世界先进的思想、文化交流提供了通道。

清乾隆以后，由于珠江水挟带来的泥沙不断沉积，经过漫长的岁月，许多地方逐渐形成广阔的冲积平原。香山盐场一带，海水逐渐远退，盐田变潮田，繁盛了数百年的香山场制盐业开始走向衰落。

到清代道光年间，香山盐场完全脱海成陆，形成一大片沙田。斗转星移，山场村经过旧村改造成为今日之山场社区，只有留存下来的"山场北帝庙"，还能依稀寻得古时山场的繁荣与鼎沸。

除盐业生产之外，香山县的银矿业也颇令人瞩目。今天的珠海高新区银坑社区在宋代时以产银为主，那时产银是香山县重要的经济来源之一。《元丰九域志》载："东莞有香山崖银场。"香山崖，位于唐家湾银坑社区（原银坑村）正西约三里之凤门凹岭。另据《广州府志》记载："北宋末，距香山横石矶（今中山市横门）偏南约百里之釜涌境，海隅有银矿，庶民争赴开采，至有举家迁徙者皆聚居于海边溃地，村民晨昏轮番入矿，挖白镪甚多，皆船运至府西之彩虹坊，由官窑鼓铸成银。"

明朝正德年间，顺德县来了一帮豪强抢夺银矿，他们自己开采，后来因遭到海盗洗劫而停止。明嘉靖十三年（1534年），"阁揆资政大夫武英殿太子、太保、大学士方献夫相国，偕举人例授知县郑之藩，到银坑开矿，直到矿井倒塌，采掘工作被逼停止"。直到明末清初，顾炎武还在《天下郡国利病书》中提到银坑，有"恭常都鸡柏村银涌角宋初产银"的记载。

乾隆年间，据《香山县志》卷一《山川》记载："凤门凹岭凤凰山南，设烽堠，北鸡拍村（鸡山村），旧有银矿，今无。"

现在银坑还在，遗址在杂草丛林之中，洞口高3米，宽2米，深42米。而银坑所处的蚝场旧居住区，楼房已经被拆除，昔日烟火气息早已散去。巷里玩耍的孩童，屋外论家常的老人，都已不再。取而代之的将是高层住宅楼、学校、公园，还有一望无垠的海景。

盐和银，在唐宋元明时期一直是香山县的两大经济支柱。

山场，从一个繁盛的盐场而来，历经文顺乡、香山镇、香山县，每一个历史瞬间，都站在地区行政的中心，担负着引领本地经济、文化走向与繁盛的使命。辉煌的历史文化既是一座城市的独特印记，更是一座城市的根与魂。

香山场，就是珠海的根之所在。

十字门海战

明代香山举人黄瑜在《悲井澳》写道:"白雁过,江南破,更无一寸土可坐。自闽入广随波流,胡尘暗天天亦愁,黄芦霾岸风飕飕。上有深井山,下有仙女澳,渔舟不往御舟到。风吹御舟力排挤,嗟嗟悲哉谁与告……"元军攻陷临安后,一路南下追击宋军,到了井澳,发生了惨烈的海战。耐人寻味的是,这个悲怆的结局并非南宋历史的结束,而仅仅是开始。

很多人知道宋元的最后一战是崖门海战,但这之前的十字门海战却鲜为人知。中统元年(1260年),忽必烈继承了祖父成吉思汗的遗志,在开平(今属内蒙古)继承汗位,是为元世祖。1271年,忽必烈定国号为大元,正式即位为皇帝,定都北京(北京后门桥附近),重新确立了城市的中心。于是,蒙古人的马鞭在城市上空飞扬,在宫阙巷陌中发出噼啪的击响。在不断征服的进程中,忽必烈制订了南下攻打南宋的计划——先实施攻取襄樊(今属湖北),继而中间突破,最后沿汉入江直取临安(今杭州),从而开始了攻灭南宋的战争。

据明代编撰史书《宋史纪事本末》记载,1276年,忽必烈攻占南宋首都临安,谢太后与宋恭帝率百官向元军投降,杨淑妃则带着益王赵昰、广王赵昺及部分大臣和军民南下闽、粤继续抗战。他们走水路先到温州,一路聚集军民,再到福州,随后左丞相陆秀夫在福州拥立7岁的宋端宗赵昰即位,为景炎元年。

1276年11月,宋端宗赵昰在陈宜中、张世杰的护卫下,率领大军离开福州,经泉州后,南撤到广东寻求出路。到广东后从潮州到惠州,再到东莞虎门，元将刘深一路追击。1277年，张世杰不敌元军，带着小皇帝从秀山（今虎门）来到了珠江口的井澳（今珠海十字门），在这里停留并设临时行宫。在此期间，宋元两军共发生了4次大海战，参战军民多达50万人。南宋人在劫难逃，几乎所有能够显示帝王尊严的细节都已消失。在珠海博物馆第八展厅"海洋纪事"的"海战风云"展区，以文物展品和声光电手段展示了这场历史上著名的宋元海战，即十字门海战，这是747年前发生在珠海及其邻近区域、记录了民族碰撞与融合的重大历史事件。中央电视台《国宝档案》栏目据此事件拍摄了《十字门大海战》纪录片，于2014年12月17日播出。

十字门在史书上被称为"井澳"，或被称为"仙女澳""香山井澳"。关于"井澳"的说法，一是黄佐编纂的明嘉靖版《香山县志》这样记载："小横琴山下有双女坑。大横琴山幽峻为寇所伏。深井山即仙女澳也，亦名井澳，在横琴下，宋端宗御舟尝至此。"另一是清朝人黄淳编纂的《厓山志》这样记载："井澳、谢女峡，在香山南二百五十里海中，横琴山下，为井澳。一名仙女澳。"也就是现在的珠海横琴深井山与澳门之间的水域。700多年前，这片水域由四座山（岛）——西侧的大、小横琴山和东侧的路环、氹仔山划出了"十"字形水道，故称十字门。在两宋时，濠镜澳（今属澳门）和横琴山一带都是广阔的浅海。宋端宗的行宫也曾在海战所在的深井村。十字门海战是中国历史上著名的大海战之一，直接影响了南宋行朝之后的走向，加速了南宋流亡朝廷灭亡的命运。

历史作为时间的影子已经远去，但如今我们站在天地间，仍能从多个渠道获取从远古传来的信息，进一步了解这一片海域。发生于1277年11月和12月的四次海战就在这一带的海域展开。

第一战是11月中旬，元水师初战突袭井澳（大横琴岛），获胜后撤出。

第二战是11月下旬，元将哈喇𭰑、宣抚使梁雄飞、招讨使王天禄合兵围攻濠镜澳，宋军大败，被夺去大批战船和军资器械。宋大臣陈宜中、张世杰带领数千官兵和800艘战船突围而出。

第三战是井澳反击战。12月中旬，元将刘深袭井澳，宋师顺风放火反攻，击退元军，取得了一次难得的胜利。但随后遇见台风，御舟倾覆，小皇帝掉入海里，救上来后因受惊吓而得病。

第四战是谢女峡（小横琴岛）追逐战。12月下旬，刘深重整队伍攻谢女峡，宋军溃败向大洋逃跑，元军追至七星洋（今属澳门九洲洋），再夺宋船200艘。

四场海战下来，宋军遭受重创，损兵折将近半，元气大伤。"朅来南海上，人死乱如麻。腥浪拍心碎，飙风吹鬓华。"文天祥这首诗《南海》，咏叹的就是这惨烈的大海战。

祥兴元年（1278年），张世杰、陆秀夫拥立赵昺为帝。

山长水远，故国何处。1278年2月，剩下的宋军离开井澳，迁到硇洲（今属湛江），后又转至新会崖山作抗元据点。这之后才有了那场惨烈的崖门海战。战到最后，陆秀夫只好背起年幼的皇上赵昺蹈海殉国。10万南宋军民目睹或听到这个消息后，也纷纷蹈海殉国。所谓大海无边，翻卷的海浪就像喋喋不休的诉说。而皇帝的嘴唇则停止了颤动，代之以军民的浴血和鸡犬的喧哗。

此时的文天祥在赣州战败，只好率领残部进入广东，苦苦与元军周旋，在海丰北五坡岭跟元军打了最后一仗，饥寒交迫，全军覆没，文天祥因此而做了俘虏，押解船上。祥兴二年（1279年）正月十二日，元将张弘范挟文天祥过零丁洋（今伶仃洋），他希望文天祥写信招降固守崖山的张世杰、陆秀夫等人。文天祥大义凛然，一腔碧血，写下了《过零丁洋》以答复张弘范："辛苦遭逢起一经，干戈寥落四周星。山河破碎风飘絮，身世浮沉雨打萍。惶恐滩头说惶恐，零丁洋里叹零丁。人生自古谁无死，留取丹心照汗青。"张弘范读了，内心一时震撼不已，对文天祥敬佩有加。后来文天祥被押解到大都，他始终坚贞不屈，拒绝一切劝降，包括宋恭帝本人的劝降。忽必烈内心佩服不已，只好屈尊，亲自到监狱里去见文天祥。文天祥依然不改初衷，写下碧血千秋的《正气歌》以明心志。1283年1月8日，忽必烈试图做最后的努力，再次进行劝降，但得到的只是他掷地有声的回应："天祥为大宋状元宰相，宋亡，只能死，不能活！"第二天，城市上空阴云密布，文天祥在大都柴市慷慨就义，时年47岁。

"今人不见古时月，今月曾经照古人。"亘古高挂的明月照见横琴十字门海域的前世今生，那一场场的浴血厮杀、一幕幕的生离死别，朝代更迭之战的前尘往事早已湮没在史籍故纸的字里行间。所幸，中华文明的传承并不因帝王的更迭而中断，而是薪火相传。

20世纪70年代修筑的东、西大堤，将大、小横琴岛连成一体，路环与氹仔也合二为一。从高空俯瞰，珠海主城区、横琴岛、澳门半岛、氹仔夹起了一个新的"十字门"，在粤港澳大湾区的大背景下，十字门的故事在时代演变中仍在继续。

斗门墟与旧街

斗门旧街犹如斗门的一条血脉，它沿着斗门墟的人文历史河流慢慢流淌。

我来了，叩响旧街的门环，抖落它通身的烟云，便轻松地走进了历史的线装书，倾听老斗门的世事沧桑。于是，我舒服地伸一个优雅的懒腰，或者，打一个很长的哈欠，便从今天回到了1000年前……

斗门，位于珠海的西部，东枕巍峨的黄杨山脊，西临暗流凶猛的虎跳门，古语称这里为"斗门墟"，与澳门水域相连，是珠海陆路交通的西大门，也是抗战岁月里中山县临时政府所在地。这里历史悠久，独具质感，具有原汁原味的历史风貌，是"一山一寺一温泉，一皇一将一家族"的人文景观至高地。这座具有岭南水乡风情的小镇，有着1000多年的悠久历史，是宋朝魏王赵匡美后裔的定居地。

宋朝以前，斗门还是个海湾，湾内山峰耸立，居中的黄杨山脉如巨龙般绵延不绝。据《斗门县志》记载："宋绍兴二十二年（1152年），斗门地区称潮居乡。明洪武十四年（1381年），潮居乡改为黄梁都。"黄梁都筑土城、建官署、办乡学，成了本都的政治、军事、经济及文化的中心。据《香山县志》记载，斗门墟在明嘉靖年间已成圩市。雍正九年（1731年）由两广总督郝玉麟奏请朝廷设巡检，朝廷准奏建巡检于斗门墟（现和风中学旧门前）管理本都的民政、建设等行政事务。改称斗门墟为"黄梁都司署土城"或"斗门土城"，乾隆二年（1737年）建成城池。据《香山县志》记载："城方一里……周围二百丈，高七尺五寸，上厚四尺，下厚五尺，雉堞用砖，东、西城各设台楼一座。"城墙曾先后于嘉庆五年（1800年）和道光二年（1822年）重建，后来由于累年风雨侵蚀，日久失修，城墙坍塌，到民国期间全毁。

斗门墟的集市贸易始于雍正十一年（1733年），当时是露天市场，农民与商贩将产（商）品在现为大马路的地方摆卖。土城里有猪仔街（现和平街）、卖糍街（现城里街）、卖姜街（现二马路）、牛岗街（现民主街）、卖鸡街（现拱北里）、卖猫街（现上淋街）等。鸦片战争后，除了圩市周边的人，江门、新会等的外地商人，本地的华侨和外国传教士都看中了斗门土城，纷纷到这里经商、办教堂。斗门墟常有船只来往于香港、澳门等地，商贾来往甚多，每逢农历二、五、八的圩日，圩市内车水马龙，赶圩的人摩肩接踵，热闹纷繁。百货店和钱庄生意红火，中国澳门、加拿大的建筑师、牧师等人士是镇里的常客，现大马路和二马路的街道两旁逐步建起了平房式的店铺。活跃的商贸和宗教文化的交流，让小镇成了一个热闹非凡的国际社区。

1928年，由于商贸业迅速发展，在斗门做生意的外国商人逐渐增多，原圩内狭窄的街道、矮小的店铺满足不了发展的需要。时任八区区长欧亦豪提出由各乡派出人员成立"斗门墟建设委员会"，协调各方利益，与各商家一起酝酿拓宽街道，重建街区，由学建筑出身的加拿大牧师嘉理慰规划设计。嘉理慰博采欧美各国古典建筑之精华，于1932年在斗门墟建设了一条长500多米、宽7.5米，近似"T"形，有骑楼三四层不等，充满欧陆风情的商业街。之后陆续建起了广英祥、美华章、合群、大昌、祥盛等10余间布匹店；永同兴、美新、美的、大中华等多间百货店；新丽生、成茂隆、泗美隆等杂货铺；荣昌、永祥、两合、恒栈、华隆等山货行；同和堂、大宁堂、天心堂、人和堂、大安堂、时和药局等药材行。经大半个世纪的风雨侵蚀，原大安堂铺面现还阴刻着"南北药材、中西丸散"和"陈守志书"的字样。除了商铺、药局外，基督教建起了福音堂，天主教建起了教堂。骑楼保留了清末民初的建筑特色，结合岭南传统的骑楼样式与欧式的繁复花纹，建筑随处可见的拱形门窗，挑廊和房顶雕刻着的绚丽浮雕，还有耳墙上偶尔出现的"民国廿式年建造"的字样，使我对于旧街中心位置的"斗门旧街历史文化街区"深信不疑。这些建筑构成了斗门异国风情古街的主貌，成为珠海市目前保存比较完整的古街。

旧街以青石铺路，两边是密密麻麻的骑楼商铺，南洋风尚和岭南元素大胆叠加出明丽欢快的色调。空间布局分前、后座，前座两层，二楼临街部分多为主人的会客厅，后座有三楼甚至四楼，带着水井的后花园低调地错落其间，别有洞天。由于统一规划，特别是建筑师在墙顶装饰的图案和拱形门窗上的压花玻璃，让这条街一面世就惊艳四方。今天的游客，游走在鲜艳的玻璃花窗下时，或许会忍不住遐想小院里曾经的果树繁茂和黄发垂髫。这一方别致、迷人的空间，也成了1996年和2021年分别出品的电视剧《再见艳阳天》和《壮志高飞》的取景地。

20世纪90年代后期，随着经济中心的转移，旧街的商业走入沉寂。旧街两侧的老屋已经物是人非，有些人去楼空，成了燕雀的归巢。然而残旧的砖瓦丝毫不影响旧街的魅力，一个多世纪前的盛世繁华和斗门墟的惊世传奇，刻进了街口铿锵的"斗门"二字里。如今，旧街店铺经过修缮和保护，让岁月的风霜更添古朴和典雅。商铺门口的立柱上，"章荣接理各埠银信""协昌汇兑各埠银两""章荣选办环球货品""兆章绫罗绸缎""南北药材同和堂"等各色广告依然清晰。乳黄色的门楣和立柱配上蓝色的字体，再加上夜晚那些红的、黄的、白的、紫的、蓝的霓虹灯在各家商铺门前不停地闪烁，构成了五彩斑斓的梦幻世界，我仿佛看到了这里当年国际金融和贸易中心的影子。走在骑楼下，仰望靓丽的檐廊，有一种穿越时空之感，100年前的风云际会围绕身旁，商贾云集的景象仿佛就在昨日。

走着走着，一家地道的特色美食餐馆吸引了我，大厅的柜台上方，悬挂着一块块写着菜名和价钱的小木牌，共有40个，独具个性。进入后厨的通道上的那块充满时代感的布帘，让我的思绪停留在"那些年我们一起走过"的日子。

在一个转角处，我又遇到一家叫"里苑·南昌盛"的民宿店。这家民宿所在的老宅可不简单，竟然是南宋赵氏皇族后裔——清朝武进士（第72名）赵时

▲ 斗门旧街

光于清朝同治年间所建，至今已有150多年的历史。

继续前行，我经过了一个又一个有趣的建筑。我毫不怀疑"善雅书房"的真诚待客，那半椭圆形的大门入口和门楣上的紫色浪花雕塑，让我充满好奇和期待，我甚至能想象到房里的"悦臻咖啡"是如何的美味和香甜。

最终没能走进"斗门旧街艺术馆"，想必那里会展示旧街保留着的圩日传统，而刚剪完彩的红绸布有一半还在女儿墙上挂着。但今天的圩更像是一场文化集市，在走马观花的游客眼里，这样的场景让人感觉时空错乱，历史再现。

1000多年来，斗门墟经历战乱的无辜洗礼，却像一个志存高远的勇士，在每一次蹂躏后奇迹般再生，文明一次比一次辉煌。而斗门旧街，在快速变化的城市建设中，它依然被老一代原住民守护着，被年轻的一辈重塑着。或许在这座城市的运行轨迹上，它将不断前行，勇敢地肩负起历史重托。无论怎样，一座沉积的古城，就是一段活化的历史，也是一种乡愁的皈依。

南门菉猗堂

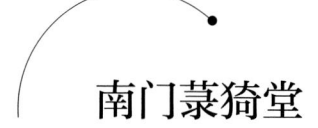

"风烟俱净，天山共色。从流飘荡，任意东西。"在很多人眼里，珠海是一座年轻飘逸、杏花春雨、山海共融、风情万种的海滨城市。然而，看似绵柔的海岸线其实也承载着厚重的历史，穿越历史的烟云，磨刀门和虎跳门命运的变化轨迹静待人们深入了解。斗门便收藏了这座年轻城市深沉的历史和不为人知的秘密。

西江水从云南马雄山奔流而来，到此五门分流，带着沿岸的沃土，淤积出几十个河网纵横的绿洲，分解成无数个小河小涌，将斗门分割成一个个小岛，一块块田畴，把这片山河之域变成丰饶水乡。

南门与崖门，相隔一条水道，它们是自然之门，也是命运之门。

至元十一年（1274年），元军大举攻宋，张弘范为前锋，以功改亳州万户，赐名拔都。至元十五年（1278年），为蒙古汉军都元帅，进军闽广，俘文天祥于海丰五坡岭。继而，张弘范押着文天祥率军从潮州到惠州，从秀山（虎门）到井澳（十字门），最后抵达新会崖门，将宋军围困于海上。

历史有时惊人地相似——宋舟师战船相连，以避风浪，如履平地。张弘范登高望远，不禁大喜，马上发动火攻，试图重演历史一幕——火烧赤壁。谁知宋将枢密院副使张世杰也不是等闲之辈，命令将士，每日将滩涂的淤泥涂于舟船之上，还浇上水，战船好像都穿上了泥甲，大火虽猛却烧不着。

张弘范又来一招，下令切断宋军的水源和粮道。这一招挺管用，导致宋军饥渴难忍，只好啃干粮，饮海水，很快有大量宋军呕吐腹泻，人人身乏腿软。

在这个节骨眼上，元朝的援军也到了，由李恒率领，从北边的广州府气势汹汹地赶来，跟崖山之南的张弘范部队南北呼应，对宋军形成了夹攻态势，张世杰算是插翅难逃了。

祥兴二年正月初六（1279年3月19日），一个涛声鼓荡、彤云漫天的拂晓，元军由南、北两个方向，向崖山发起最后的猛烈进攻。战斗到最后，陆秀夫只好背起年幼的皇上赵昺"蹈海殉国"。10万南宋军民目睹或听到这个消息后，也纷纷跃进深海。文天祥被迫观战，目睹了大宋亡国之惨状，顿感"椎心之痛"，场面极其悲壮。

如今，这里的一草一木，一砖一瓦，依然保持着别样的风情。历史的烟云里，依然怀有"宋末三杰"（文天祥、陆秀夫、张世杰）的国恨家仇；菉猗堂的蚝壳墙，依然守护着一个孤独的身影和一段残破的传奇。这里见证了中国封建王朝历史长河中罕见的海洋防务，以及南宋王朝的海上"滑铁卢"和荒诞的结局。崖山南宋灭亡的悲凉，也把南宋的轰轰烈烈和无可奈何永远留在了斗门的史册里……

循着故事的起源，我脑海里不断地闪回蒙太奇，一个个南宋军民，在苦涩和绝望的眼神里，在悲愤和血泪的控诉中，他们不忍羞辱和苟且，向着蓝色的深海，一跃而下……

据说，陆秀夫在崖门与元军进行最后的厮杀之时，居住在南门村附近的赵家招募300名家丁去崖山勤王，得到陆秀夫的盛赞。陆秀夫不仅让南宋的末代皇帝为斗门赵家恩赐匾额"忠孝义士"，还嘱托他们携部分皇室宗亲逃离元军杀戮，在当地乡村隐居。此后，赵家人才开始建设南门村，赵氏的皇家血脉也得以延续。

不过，随着斗门《赵氏族谱》的出现，有证据表明皇家血脉出现在南门村始于崖山之战29年前的1250年。南门村赵家的先祖是赵匡胤胞弟赵匡美的后代，最早到达广东的是宋魏王赵匡美的第八代传人赵怿夫，他在1234年从江西到广东任香山县令。在他去世后，他的后裔就在斗门潮居里大赤坎一带定居下来，俗称"魏王派"，赵怪夫是魏王派的始祖。在南村、南门背底水、大沥歧等有几户是宋太宗的后人，俗称"太宗派"。而少数太宗后人是清康熙到雍正年间从新会三江迁徙而来的。在700多年的时间里，赵家后裔一直在这里繁衍生息，传了三十多代人。他们谨记家传，恪守祖训，修建宗祠，光复传统。

每一个祖祠都有它存在的理由，菉猗堂就是以这样的方式，进入祖先的生活。

菉猗堂或称"南门赵氏祖祠"，建于明景泰五年（1454年）。其面阔三间，三进夹两天井。它与光绪十九年（1893年）修建的崑山赵公祠、1928年重建的逸峰赵公祠并排而立，配以青云巷和厢房，再加上祠堂前的一片空地，整个菉猗堂建筑群的总建筑面积为1643.69平方米。菉猗堂是南门村当地赵姓居民——宋太祖赵匡胤的四弟魏王赵匡美的后裔祖祠，是由魏王的第十五代裔赵隆以其四世祖赵梅南（1296—1365年）的别名"菉猗"立祠，以奉祀这位先人。"菉猗"一词取自《诗经·卫风·洪奥》"瞻彼淇奥，菉竹猗猗"之句，代表"绿竹茂盛"的意思。赵梅南是个守正不阿、诗书兼修的君子，一生隐居乡里，著书立说，尤其爱竹，终生不仕，深得后人敬仰。

菉猗堂属典型的岭南古风建筑，有着红砂岩基石，高台阶，蚝壳墙，镬耳墙，龙舟脊，屋顶采用穿斗与抬梁混合式构架，多处使用木雕、灰塑等装饰。它精美的龙舟脊和梁架上铭刻着海岛人的族居亲睦和本真的艺术审美。在明初，珠三角的人们用吃剩的生蚝壳做建筑材料成为一种时尚。古人看重蚝壳成本低，生蚝壳拌上黄泥、红糖、蒸熟的糯米，一层层堆砌筑成的墙体，不仅具有非凡的隔音效果，而且坚固耐用，冬暖夏凉，防台风性能好。阳光斜射在规律排列又凹凸不平的墙面上，极具线条美和雕塑感，体现了古代劳动者朴素的智慧。据统计，菉猗堂的外墙使用了数百万只蚝壳，墙体厚度达65厘米。近600年沧海桑田，蚝壳墙在南门村屹立不倒，正所谓"千年砖，万年蚝"。

田野广袤，村庄遥远。我与南宋皇室后裔第三十代传人赵承华先生一起，驱车数公里，找到这里，终于可以在祠堂的廊下歇脚。赵老先生80岁有余，身

▲ 菉猗堂及其建筑群

  体健康，思维清晰。我问赵老先生赵氏宗祠为何坐东朝西，赵老先生郑重地说："因为西面就是崖门海战的古战场。"

  赵老先生从祖宅那里取来沉甸甸的家谱，毛边纸微微发黄，远去的岁月悄然无言。其中记述的内容除了家族的来路，便是整齐排列的名字，那些文字就像一些深奥的符号。他找到属于自己的那一页，铺展在我的面前。我从无数陌生又熟悉的名字中，感受到赵氏祖先的往事对我的深深吸引力。

前山寨

城墙依然矗立在景色常新的繁华都市，保持着它数百年不变的沉稳与矜持。表面的青砖有些脱落，霉菌和苔藓时常提醒人们时光飞逝，转眼已是400年。

今天的人们无须再为"今日割五城，明日割十城，然后得一夕安寝"的朝不保夕和国破家亡而担惊受怕。在古代，城墙用它坚硬的身躯为城内百姓换得立命安身之所。如果城墙没有历史、没有传说，那它残存的斑驳躯壳只是一些没有价值的砖头而已。

前山寨地处香山县恭常都（今香洲区前山街道），始建于明朝天启元年（1621年），与澳门相距5000米，是明朝政府为了加强海防，特别是遏制葡萄牙人的野心，而在澳门以北关卡尽头设置的军事营寨。前山寨城墙自诞生的那一年开始就与保家卫国、抵御外敌这一使命紧紧地联系在一起。前山寨城墙承载着当时人民的家国情怀，军民联防、军政一体的方针自清朝时就已经在前山寨萌芽。

明代以来，作为中国的南大门，广东的战略地位日趋重要。广州又为广东之要枢，广州府所辖14县，大都分布于珠江三角洲地区，而珠江出海口东、西两岸的东莞、香山两县，海防地位更为重要。因此明朝廷将广东的海防重点设置于广州，制定了"左捍虎门，右扼香山"的战略，并设立虎门、前山两寨，派参将驻守，统辖于广东总兵府。

前山寨第一任参将由武进士出身的浙江人梁鹏担任，参将为当时设置的最高长官，属正三品武官（当时在广东的明朝参将武官仅7名，前山占其一）。梁鹏在前山地区选择了一片空阔地，建造了参将府，开辟了演武场，在寨内建起营房、钟鼓楼、号令亭、书斋、食堂等配套设施。前山寨常设步兵700名，水兵1200名，大小船只50艘，统辖关闸和对澳门周围诸岛的防范，形成"官军环海而守"的局面。与虎门寨的设立不同的是，前山寨还承担着"控夷制澳"的特殊职能。自前山寨设立后，居澳葡人不再从事重大的漠视中国主权的活动，直至明末。

前山寨在广东的海防地位，道光《广东通志》中有"御内控外，前山寨拊其背，虎门扼其吭"之说，视前山寨与虎门寨等同。另有一说在同治版《香山县志》，"广东海防以广州为要，广州海防以香山为要，香山海防尤以澳门为要"，认为前山寨的地位高于虎门。理由是："澳门为广州南戒（界）尽地，无澳夷（指葡萄牙人）居之则为孤岛，有澳夷居则为要区。"从当时的历史背景分析，此说应有一定道理。

清朝初年，各种反清力量集结于东南沿海，清王朝对前山寨的防务更加重视。顺治四年（1647年），清廷将前山驻兵分设左、右营，在参将属下加委两名千总（正六品）分率。康熙三年（1664年），为配合海禁政策的实施，清廷将驻军参将改设为副将（从二品），原左、右营千总保留，加委了都司（正四品）二员、守备（正五品）一员，关闸分设把总（正七品）戍守前山寨。统辖官兵达到2000人，配备战马130匹，形成步、水、骑兵种齐全，各级长官配备完整的格局。

康熙五十六年（1717年），在香山知县陈应吉的主理下，前山寨正式建筑土城，周长四百五十丈，城高九尺，墙厚基础三尺，顶端二尺，城墙每隔二十丈加筑一个子城。城墙南、东、西各启一门，分别命名为"前丰""物阜""晏清"，城墙北面靠山，不启门，在靠近澳门方向的南门和西门上，均置筑兵房和炮台，设炮四门。前山寨城的建筑规模与当时县城石岐的规模相差无几，成为香山县境内的第二城寨。

乾隆八年（1743年），广东海防发生了一次重大的对外交涉事件，直接推动了前山寨文官管理系统的建立。英国殖民者进攻西班牙人占据的吕宋岛，俘虏西班牙官兵299名，准备运回英国之际，遇台风漂荡到虎门附近。两广总督策楞命虎门守将王瑾、东莞知县印光任前往查办。印光任严厉斥责英国殖民者侵犯中国领土主权的行径，英人头目强词夺理，拒不认错。印光任遂停其饮食以制裁，迫使英人就范。英人认错后留下西班牙俘虏离去，印光任将299名西班牙俘虏从澳门押解出海放还。乾隆帝接奏报后御批"惟惩可以忠后"，认为知县一级在对外事务交涉中职卑权微，而广州海防对外交涉事务繁多，应设知府副职专司其事，因此设立"广州府海防军民同知"一职，同知衙门设于前山寨。由于印光任在对英交涉中表现出色，经策楞保举出任前山寨第一任海防军民同知，从七品知县跃升五品同知。

海防军民同知的设立，使前山寨正式建立起文官管理系统，表明了清廷对澳门行政事务的管理从县级到府级的升格，也使前山寨从单纯军事性质的营寨过渡到军民联防、军政一体的政治机构。

乾隆九年（1744年），西班牙殖民者率兵船6艘，在澳门沿海游弋，妄图进犯澳门，印光任即率水师1000人，将西班牙船只团团围住，召集西班牙兵船头目训话。该头目正是上次经印光任交涉释放的被英人俘虏的299人之首领，印光任对其细述朝廷威德，头目遂率船离去。

同治《香山县志》记载，印光任在前山寨任职期内，"于诸夷种类、支派，某强某弱，某狡某愚，其地之山川形势，靡不部居别，白于胸中，以故先事预谋，当机立断，终其任，海面肃然。"他与其继任者张汝霖合著的《澳门纪略》一书，经乾隆帝御批列入《四库全书》，成为今研究澳门史最早、最完整的珍贵资料。

18世纪以后，英国在欧洲崛起，取代了葡萄牙、荷兰、西班牙等老牌殖民者，成为新的"海上霸王"。他们在侵占印度以后，又把侵略的触角伸向了闭关自守状态的中国，利用鸦片加大炮攻陷中国的大门。从19世纪上半叶开始，以防范澳门葡萄牙人为主要职能的前山寨，又成为反抗英国殖民主义侵略活动的前沿阵地。

道光十九年（1839年），林则徐担任钦差大臣，赴广东查办鸦片，在虎门销烟2万余箱。英殖民贩毒头目义律逃到澳门，企图负隅顽抗。为争取居澳葡人在中国禁烟运动中采取中立态度，也为加强前山寨的防务，林则徐于1839年9月率文武官员，巡视澳门和前山寨。

9月2日，林则徐率两广总督邓廷桢、广东巡抚怡良从香山县城出发，来到前山寨，在寨内停宿一晚，听取了海防同知蒋立昂关于前山寨海防及英人在澳门贩卖鸦片情况的禀报。次日清晨他们启程前往澳门，受到澳葡当局和当地华人的夹道欢迎。林则徐在望厦村的县丞衙门稍做停留，询问了关闸的布防及居澳葡人活动情况，指示县丞对澳门的葡人人口重新普查并编户入册，随即进入葡人居地，召见葡人兵头训话，限令葡人不准参与英人的鸦片贩卖活动，于10时左右返回前山寨。前山商绅父老在寨内设宴招待林则徐一行。林则徐即席口赋禁烟诗一首，并亲笔题写《十无益》一份致答。前山民众后来将《十无益》镌刻于仙峰山石壁上。

澳门之行后，林则徐察觉到英殖民者武力进犯在所难免，决意加强防范，将广东防务和前山寨驻军将领再次升格。易中孚被任命为新高廉道使，临赴任时林则徐上报朝廷，将他临时调驻澳门。新提升的南澳镇总兵（正二品武官）惠昌耀被暂时留在香山担任副将，管辖前山寨军务。另副将多隆武、参将波启善、守备程步韩等调驻澳门，前山寨水陆兵勇增至2000名。由于林则徐加强了广东的戒备，英殖民者在广东沿海的多次侵犯均没有得逞。

1840年6月，鸦片战争爆发。8月19日，英军华滔伦率兵船1艘、舢板10余只，从九洲洋窜入澳门附近海面，突袭关闸，受到前山寨官兵的猛烈还击。易中孚和海防同知蒋立昂、县丞汤聘三在南，副将多隆武、参将波启善在北，总兵惠昌耀率水师接应，三面夹击，从中午1时战至晚7时，歼灭英军10多人，缴获大小炮弹200多枚，英军退回九洲洋窥视。林则徐和广东水师提督关天培闻讯，增派大军8000人前来接应，英军见势，遂向伶仃洋和磨刀门方向逃窜。英军在广东沿海占不到便宜，即把进攻方向转向福建、浙江沿海。

随后，葡萄牙殖民者趁火打劫。道光二十五年（1845年），葡萄牙女王竟不顾中国拥有澳门主权的事实，擅自宣布澳门为"自由港"。道光二十八年（1848年），葡萄牙派亚马勒出任澳门"总督"。亚马勒早年曾殖民非洲，被当地人民砍断一只胳膊。他刚上任，就强行将中国设在澳门的海关行台和税馆拆除，宣布不再缴纳每年500两租金，并出兵将设在望厦村的香山县丞衙门迁回前山城内。他以修筑马路为名，恣意挖掘华人的祖坟，抛骸骨于海里。亚马勒的侵略行径引起前山人民的义愤。望厦村青年农民沈亚米联合其他6位爱国青年，于道光二十九年（1849年）将亚马勒刺杀于关闸。尽管如此，澳门实际主权丧失的局面已不可逆转，前山寨海防军民同知对澳葡当局的侵略活动每次出面干涉制止，但已无能为力，所建土城经过100多年的风雨洗涤，只剩下断垣残壁。

光绪十三年（1887年），中葡两国派员在里斯本签订了《中葡会议草约》，葡萄牙殖民者强迫清廷承认了葡萄牙"永驻管理澳门"之权，中国在澳门的主权正式丧失。为了挽回利权，遏制葡人对前山内陆地区的渗透，清廷于同年在拱北正式设立拱北关，并修缮前山寨城。里人富商刘永康捐献巨资10万两，用于修复前山寨城，两广总督张之洞奏请朝廷给予奖励。

中日甲午战争后，清廷在各地编练新军，前山寨的驻军也逐渐为新军所取代。与此同时，以孙中山为首的资产阶级民主革命派也竖起了反清武装斗争的旗帜，因准备不足而失败。清廷将参加广州起义的新军2000人调防到前山寨，由顽固派副将马德标坐镇香山县城控压。可事情却适得其反，这支新军在同盟会澳门分会的策动下，变成了推翻清朝在广东统治的主力之一。

1911年10月10日，武昌起义成功，广东酝酿独立。孙中山指示同盟会澳门分会负责人林君复、林警魂着手组织香山县起义事宜。林君复等同盟会会员经过严密商讨，制定了香山起义以前山寨为重点、县城次之的策略。

前山寨新军起义的同时，同盟会在香山县城也发动了起义，控制了县城。当时广州还未光复，两广总督张鸣岐和水师提督李准接到马德标的报告，派"江大"号兵舰送大批军队直抵石岐，县城形势十分严峻。11月18日，前山大军开进县城，民心始安，张鸣岐、李准急令粤军返省城。当晚，广州城光复，广东独立。前山起义军与石岐起义军合编为香军，由任鹤年任司令，进驻广州西关，后编入广东北伐军，由姚雨平统率北伐江苏。最后，这支军队于南北议和后南下遣散。在民国社会动荡的年代里，前山寨的战略地位不再和过去一样重要，但仍是兵家重地。中华人民共和国成立后，政府在唐家设立军事要塞，前山寨也随之失去其军事战略地位。

400年来，前山寨在维护封建统治的根本利益中发挥了作用，也在反抗外来侵略，特别是在遏制葡、英等殖民者侵占中国领土的野心方面做出了重大贡献。

长南迳古道

从普陀寺出来，走了一段时间后，来到一个简易停车场，如果不是路边石碑的提示，我还不知道准备要去的那条上山小路就是一条古道。青石板纵横整齐排列着，在山坡上组成一条隐秘的通道，仿佛一串暗语，指示我要去的方向。

沿着山路行走，一座石板桥的出现使我意识到这里可能是一个比较重要的地方。桥头有条石探出头来，伸向河中，我更确定前方的路不平常了。如果不是好奇心的驱使，我不会发现它的历史。从路边的标牌得知，这座青石铺就的长南三孔桥原名"沙沙桥"（客家话），位于长南迳古道西面。该桥始建于清光绪年间，桥长15米，桥面宽1.35米，桥墩高2.45米，是一座呈东西走向的三孔桥。至于为什么是三孔，应该是根据当时的水流而设。桥中如船形的那两个桥墩，迎水端为三角形分尖，利于水力分流。作为桥面最生动的部分，并列铺设了三块花岗岩条石板，每条石板长4.8米，背阴处还长了青苔和小草。我对着桥洞"喂……喂……"地喊了两声，没有听到回音。再细看，那引桥也是用人工开凿的花岗岩条石砌筑而成，工艺精细，铺设稳固，对于光绪年间的交通和人工而言，实属不易。

走到这里的时候，同行的谭元亨教授像往常一样，坐在条石凳子上一副不动声色的平静表情，他对着孔桥边晒太阳边沉思。江冰教授则不同，他举着蓝色的华为手机边拍照边说笑，忘情于喷涌的文思之中。我就跑到桥下10米处的河床边，深度观察桥体的形状和走向，我仿佛看到300余年前的东坑村民佘非凡率领村人修路，以及香山地区南朗、上栅、官塘等村民往来前山、澳门的情景。

过了三孔桥，就是密密麻麻的鹅卵石铺成的石子路，通过不同组合形式铺筑而成，因形就势，结构稳固，已被人们的鞋底磨得光滑平整。石头缝隙间，隐约可见不久前水泥和石头见缝插针的关联，与卵石相呼应的排水沟和黄泥土，由此大抵可以推知这是几年前重建的路面。

蜿蜒前行，到达来仪亭，这是个花岗石立柱、四角攒尖的休闲亭子，建于山顶空旷平顺地段。站在围栏边，近看苍翠古木，远眺连绵群山，山景吞没了我的想象，我的大脑只能做一些简单的思维，并轻易地飘起来。

不知不觉间，过了五溪亭，到达摩崖石刻。这段古道是一面开阔的山崖，可以远眺珠海市区的城市风貌。古人凭借智慧的头脑、勤劳的双手，一路劈山凿石、铺砌成梯，这16个石刻，向我们讲述着一个古老的故事。

元至正十九年（1359年），原籍顺德县马岗乡的佘翠峯，因躲避战乱，率族人辗转南下，一路颠簸，最后选择在远离政治权利中心、战火硝烟的香山县官塘村落脚。《广东通志》载："翠峯公因何真、郡宗遇作乱、流据州城、窜家而南滨、居香邑东海吉大村。转以官塘为东南通路，原田沃野、大可生聚。续迁官塘，更名时泰，讳竹号清月，遂为官塘开基之始祖焉。"自时泰公始，佘氏一族便在凤凰山下的官塘村繁衍生息，至今已665年。

到了佘非凡这一代，正值康乾盛世。佘非凡乐善好施，勤政廉洁，有很高的声望。他的二女儿成年后嫁到东坑，与官塘隔着一座凤凰山，走亲访友来往要经过山上杂草疯长的长南迳，通行不便。在亲情的驱动下，满怀豪情的佘非凡振臂一呼，做出一个惊人的决定：出资重修长南迳！该决定得到乡民的赞同与支持，一时应者如云。靠着本地乡民手提肩扛运送材料，执斧握锄劈石开路的顽强毅力，雍正三年（1725年）农历七月，长南迳重修告成。在一个晴朗美好的日子（古人称为"穀旦"），人们聚在凤凰山主峰的西南坡一块石壁前，郑重刻下"雍正三年孟秋穀旦佘非凡重修长南迳"几个楷体大字，以示纪念。

▲ 长南迳古道

时间的流逝仿佛停止了，但疲惫如期抵达。身体疲累，我们这支老中青结合的6人队伍东倒西歪地躺在聚贤亭的休闲椅上。聚贤亭是在古迳顶茶寮和先锋庙遗址处新修建的仿古四角亭，它建在这条古迳的最高峰，海拔137米，亭四周垒砌原石挡墙，在山边还有龙泉取水口，供路人取水、洗漱。在心悦池，围绕三棵如盖古树砌筑了大盘圆台、石凳供路人休息，筑月池和曲水流泉供游人映照心境、嬉水畅怀，一路上随行可见的景观足够赏心悦目。

　　闲坐平台石凳，远眺高山石壁。古道悠长，经来仪亭，过五溪亭，观摩崖石刻，走聚贤亭，最后即将到达远芳驿站。毕竟是掩映在凤凰山密林浓荫里的山路，沿途经过平地、陡坡、小溪、沟壑等，一条约4公里长的山间小道就这样费尽周折地建成。一路上，层林尽染，鸟语虫鸣，微风吹拂，竹影摇曳，阳光透过树叶洒下了斑驳的光影。

　　从翠竹幽径走出，沿着古道继续步行直到终点远芳驿站。当我把远芳驿站当成终点的时候，才发现自己的行程尚未开始。因为长南迳提供了更多神秘的道路，隐藏在大地皱褶中，通向我们未知的过去。

　　这里是一个没有噪音和污染的世界，空寂的驿站诱发我的想象，我像在一个雕梁画栋的包厢里落座。所有的树木、花朵、群山、云彩，都是戏里的布景，纵然青苔爬上台阶，树叶绿了又黄，长南迳历经岁月洗礼鲜活依然，它与我对视，与300年前那个蝉鸣鸟叫的孟秋之日的佘氏家族对视。

　　走出古道，我没有任何可以使用的交通工具，便继续倾听长南迳不紧不慢地讲述以往的故事。

拱北关

拱北海关的确切地址是珠海市香洲区水湾路18号，但是没有人会在意这个地址。地址是使人停下来的地方，但拱北海关不能使人停下来，那些行色匆匆的人们，总是尽可能迅速地通过它以到达某一目的地，而海关本身的地址反而遭到忽略。

拱北海关原名拱北关，位于珠海市南部，与澳门接壤，辖区包括珠海、中山两个地级市。康熙二十四年（1685年），清廷在广州正式设置粤海关，之后在澳门设粤海关澳门总口，这就是拱北关的前身，是中国政府最早在澳门设立的海关机构，行使着管理夷船、对外贸易、征收关税的职能。

光绪十三年（1887年），拱北关正式建关，是根据中英《烟台条约》及《烟台条约续增专条》中关于鸦片"税厘并征"的有关规定，在澳门周边设立的"洋关"。这是清政府在重要地区设立的海关机构，并由洋人税务司所掌控。为了区别于清政府以往设立的海关（常关）机构，这些由洋人所控制的海关，俗称为"洋关"。

拱北关是清政府设立的40多个"洋关"之一，它因鸦片贸易而设立，因设关而改变了澳门的历史，是一个具有传奇色彩的海关，究其渊源可一直追溯到16世纪初大航海时代葡萄牙人越洋东来。

澳门自古以来就是中国领土不可分割的一部分，宋、元、明时期，历代封建王朝均在澳门设立行政管理机构，实行领土主权管辖。封建王朝设立的管理沿海地区进贡和贸易职能的"市舶提举司"（海关的前身）机构，也在澳门行使着权力。

1535年，葡萄牙殖民者买通海道副使，被获许在澳门居住。同年，明朝政府将市舶提举司迁到澳门征税，使澳门成为与海外沟通及交往的口岸。1549年，明军将葡萄牙殖民者驱逐出澳门。1553年，葡萄牙殖民者又贿通明海道副使，谎称商船遇到风暴，请求准许在澳门避风且居住，晾晒货物，澳门遂成为葡萄牙在东方的一个落脚点，也是其侵略及掠夺东方的一个据点。从1535年至1849年，这期间的明、清两朝一直在澳门设有海关、衙门等机构，对澳门地区进行有效管理，控制着葡萄牙人的活动。

1684年，清政府统一台湾后开放海禁，清廷确定广东澳门、福建漳州、浙江宁波、江南云台山（今江苏连云港市）为对外贸易之地，设置粤、闽、浙、江"四大海关"，各设监督、管制进出口贸易，征收关税。

鸦片战争以后，租借澳门半岛南部的葡萄牙人，倚仗其他殖民主义侵华势力对清廷趁火打劫，一反过去对清廷恭顺的态度，显露出其侵略澳门领土之野心。首先是在1845年11月20日，葡萄牙国王不顾中国在澳门的完整主权，擅自宣布澳门为"自由港"，随后又任命海军上校亚马勒为澳门总督，以武力破坏中国在澳门的主权。1847年，亚马勒悍然擅自驱逐了关部行台南湾税馆的官员，并将税馆房屋公开拍卖。

1849年3月5日，亚马勒不顾中国政府的强烈抗议，公然派人封锁了关部行台的大门，并在港口布置舰艇，派兵保护外国商船靠岸起货，而不向关部行台缴税。3月13日，亚马勒又率兵袭击关部行台，驱赶了中国海关官员、丁役及其家属，将关部行台的财产封存，还命令砍倒行台门前飘扬中国旗帜的旗杆，霸占了澳门半岛。

第二次鸦片战争爆发后的1858年，英、法、美三国强迫清廷签订《通商章程善后条约：海关税则》，迫使清廷承认贩卖鸦片为合法贸易，允许将鸦片改用"洋药"的名称输入中国，并规定要纳关税银。翌年，清廷又自订《洋药抽厘章程》，允许各省自订厘金税则。自此以后，鸦片开始大量进入中国，但由于清廷在澳门及其外围既无关卡，又无厘局，又不准用中国民船运送鸦片，因而走私者利用中国民船把鸦片从澳门运进内地的情况日趋严重。

1868年，两广总督瑞麟为了挽回税收上的损失，决定抽征鸦片的厘金，宣布广州府属下部分邻近澳门地区的民船可以从事鸦片贸易，又命令广东省厘金局在澳门外围的前山和停泊在拱北湾口的"周历"巡轮两处设立厘金卡，专责征收由澳门进入内地之民船所运载的鸦片厘金。

1871年6月，粤海常关又根据总理衙门的指示，派人到前山、拱北湾筹建关卡，开征关税。由于澳葡当局不同意在拱北湾设卡，双方经协议将拱北湾卡迁到附近的小马骝洲岛上。自此，中国海关才在澳门外围建立海关机构，开征关税。

1876年，中英签订《烟台条约》；1885年，又订立《烟台条约续增专条》。这两个条约规定：一是鸦片进口每百斤纳关税银30两，并纳厘金银80两，共110两；二是关税和厘金的征收由海关办理；三是由清廷派员查禁香港偷漏关税事宜。为了让上述办法得以在香港实行，1886年6月，清廷派员到香港谈判。在谈判过程中，英方提出，为使香港协助清廷有效查禁走私，须使澳门依同样方法办理。

因此，清廷又派总税务司赫德前往澳门谈判。取得初步协议后，在清廷同意下，赫德派其海关驻伦敦办事处税务司金登干于1886年前往里斯本和葡萄牙外交大臣谈判。赫德以设法使中国承认葡萄牙永居和治理澳门为补偿条件，要求葡方协助中国海关办理税厘并征及防止走私事宜。经过几个月的谈判，最终于1887年3月26日，中葡两国代表在里斯本草签了《中葡会议草约》，其中第四条规定：对于办理鸦片事宜，澳门仿照香港办法与清廷取得合作。

在谈判过程中，赫德向总理衙门建议将澳门四周的常关关卡划归中央管辖，即由总税务司管理，理由主要是可以为清廷收更多的税。这个建议被批准了。因而在《中葡会议草约》草签后，赫德就任命匈牙利籍的税务司法来格立即到澳门筹办开设拱北关事宜。1887年4月2日拱北关正式成立，税务司公馆设在澳门，一切有关海关监管及征税的工作均由设置于澳门的分支机构办理。同时，派员接管粤海常关设在小马骝洲岛和前山河边的关税卡，接手办理鸦片的税厘并征事宜，并对一般货物按照粤海常关的税则征收土产税和经费捐。表面上拱北关是归属海关总税务司管辖的"洋关"，但因为香山县以及关区各地不属于通商口岸，拱北关在业务性质上，还是更多地履行了清政府常关的职能：一种是处理税收事务，另一种是负责边境保卫。

19世纪末，拱北关下设有3个负责征税和监管业务的主要分卡：马骝洲税厂、前山税厂和东澳税厂。如今，在原拱北关管辖的几个分卡中，前山税厂早已无影无踪；马骝洲税厂所在的小马骝洲岛因为河道淤积，早已跟陆地连成一片，变成高楼林立的商务区，矗立着豪华酒店和会展中心；东澳税厂因远离市区和人群，海关遗址受到人为破坏的程度较小，已开发为旅游景点，并成为不可移动文物。

在此后的半个多世纪里，拱北关一直都把持在外国人手里。直到1949年11月4日，中国人民解放军解放了拱北地区，石岐军事管制委员会派代表黄旭接管了拱北关，拱北关被外国人把持的历史才告结束，拱北关才真正成了人民海关。

1950年1月，海关总署公布拱北关改名为中华人民共和国拱北海关，该名称一直沿用至今。

东澳岛探秘

有的海岛适合旅游度假，逃避都市的喧嚣；有的海岛适合探秘访古，寻找丢失的记忆。或许是因为后者，当《极限挑战》电视节目在东澳岛拍摄的时候，我也已经收拾行囊准备探寻"万海平波"的奥秘，去蜜月阁感受南沙湾的旖旎风光了。

从香洲港上船，在流淌如碎银的海面上慢悠悠航行50分钟，便可到达这个万山群岛中部的绿洲。船靠码头的一瞬间，鱼的鲜味和着令人眩晕的阳光扑面而来，在高达82%的森林覆盖率生成的清新空气中深吸一口，心神舒畅，恍若隔世。

东澳岛，位于清朝道光年间卢坤、邓廷桢主编《广东海防汇览》所述的"全粤之屏障"的"老万山列岛"北部，居珠江口主航道正南方，周边是大西水道、青州水道、东澳口水道，群屿环聚，形势险要，是珠江口的天然屏障，扼守进出香港、虎门、广州黄埔港的航道，是船舶从海路而来，进入珠江口的咽喉锁钥，战略地位十分重要。

东澳岛很早就受到外国人的关注。16世纪，在第一幅由西方人绘制的标注有澳门的中国地图中，就疑似标注有东澳的外文。1749年，葡萄牙人绘制的《珠江口岛屿图》，已清晰标注了老万山列岛及东澳岛的位置，并记录了方位和航道水深等水文资料。近代以来"为各国夷船入粤必经之路"。

东澳岛现属珠海市万山镇管辖，距离珠海香洲港20海里、澳门14海里、香港大屿山23海里，面积4663平方千米，岛上居民400余人。在华南沿海一带，风浪小、可停船的港湾被称为"澳"。由于东澳岛的东部有一处深而长的海湾嵌入中部（长达1.5千米），形成一个巨大的凹形天然港湾，所以这座岛被称作"东澳岛"。如今，原住民们在这个"澳"里盖房居住，形成码头、集市和餐馆，商店也都集中于此。

明清时期，东澳岛是万山群岛中最繁华的岛，岛上居民曾达到3000人，后因战乱和海盗导致人口内迁，几近荒芜。现在，岛上巨石林立，风景宜人。全岛非常完整地保留了原始生态，四周海域水质毫无污染，葳蕤的植被勾勒出的景致温婉可人。

在观海长廊行走，径直走到东澳湾码头，摩崖石刻就在码头边。从东澳客运码头沿环岛步道向北走几分钟，登上陡峭的石阶，就能看到巨大的石刻"万海平波"。它每字足有一米见方，魏碑的笔法有着东晋名碑《好太王碑》的味道，颇有英雄之气，拙中带蛮，透着几分海盗的邪气。据说是嘉庆元年（1796年），占据广东南海一带的大海盗张保仔手下师爷胡一雷所书。

清代袁永纶《靖海氛记》记载有张保仔的情况："张保，新会江门渔人子，其父业众，日取鱼于海外。十五岁，随父在舟中取鱼，遇郑一游船至江门劫掠，保遂为所掳。郑一见之，甚悦，令给事左右。保聪慧，有口辩，且年少色美，郑一嬖之，未几升为头目。及嘉庆十二年十月十七，郑一为飓风所沉，其妻石氏，遂分一军以委保，而自统其全部，世所称郑一嫂者是也。保既得众，日事劫掠，由是伙党渐众，船只日多……"

嘉庆三年（1798年），15岁的张保仔（原名张保）随父亲出海捕鱼，结果被当地最大的海盗帮派"红旗帮"掳走，成为一名小海盗。"红旗帮"帮主郑一见张保仔"年少色美"很是喜欢，安排他当了自己的亲兵，侍奉左右。因为张保仔聪明伶俐、能言善辩，不久，就被郑一收为义子，并渐渐从小头目爬到了"红旗帮"的领导层。

嘉庆十二年（1807年），郑一在一场台风中落海溺死，年仅42岁。郑一的妻子石氏，人称郑一嫂，不仅聪明漂亮，还有胆识、会武功，自然成了"红旗帮"的新首领。

郑一嫂知人善用，委派张保仔领军，并建立起赏罚分明的制度，使"红旗帮"的战斗力空前增强。张保仔作为"义子"，也尽全力襄助郑一嫂。郑一嫂虽然与张保仔以母子相称，但与小她11岁的张保仔日久生情，从"母子"渐渐变成了"夫妻"，"红旗帮"实际上的"话事人"也变成了张保仔。

张保仔刚强干练，深得部众信服；郑一嫂老成持重，胆识过人。他们利用临近澳门的机会，从洋人手中购买了大量的火器装备，扩张势力，队伍迅速发展壮大。"红旗帮"全盛时期有部属7万余人，大小船只1800多艘。

随着"红旗帮"势力的不断壮大，周边黄、蓝、白、黑、青等各色海盗帮派逐渐归附，张保仔和郑一嫂成为广东沿海海盗的大首领。

不想，扰乱广东沿海20年后，这位自称上帝的海盗就被征剿。嘉庆十五年（1810年），两广总督百龄亲自到香山县石岐接受"红旗帮"的投诚。1819年，张保仔擢升为福建闽安副将，驻守澎湖。道光二年（1822年），张保仔暴亡于任上，终年39岁。两年后，郑一嫂携子回南海县定居，晚年移居澳门，开设赌场。

传说，兵败临走前，大势已去的张保仔在岛上藏下18箱财宝。岛上民谚云："珠宝十八箱，箱箱十八行，谁能得到它，早喝粥来晚宰羊。"也有人说，宝藏的位置和密码就藏在阴刻的"萬"字草字头中，两朵三瓣梅花般的图案分明在暗示着什么……

广州南沙的龙穴岛也有一个张保仔洞，珠江出海口的这一带也曾活跃着张保仔的身影，留下了传说。

走下"万海平波"摩崖石刻，沿着海边小道前行，便是"东澳岛海关"遗址。

东澳岛海关为拱北关隶属之分卡，称为"税厂"，1899年成立。东澳税厂开办的主要目的，就是承接九龙关长洲税厂的职能，征收香港往来粤西沿海港口的华籍民船的鸦片税厘、百货常关税、经费和厘金。围绕征税，东澳岛海关的职能还包括了监管船舶、检查进出口货物、验证进境鸦片、核对船载军火及旅客进出境检查等职能。这些职能体现了浓郁的时代特色与地域特征，从中也可以管窥清末民初的贸易发展面貌。

东澳税厂在海岛苦心经营20年，因为航线、天气及躲避海盗袭击等原因，一些香港往来粤西的船舶有时候会在马骝洲税厂报关，这就导致马骝洲税厂业务量一关独大，而东澳税厂的业务量逐年下降。特别是由于广州湾的开埠、海盗滋扰及鸦片贸易被禁，业务量逐渐式微。1919年，东澳税厂验放旅客仅有259人，失去了一个主要海关应有的功能，被迫关闭。从其业务发展轨迹，可以看出时代变迁与家国兴衰。

从庙湾步道倚山而行，沿岸多有巨石山崖，林立的山石插入大海，碧玉般的海水拍打着金黄色的乱石，发出一阵阵的噼啪声，我就在这声浪中凝望。远处，阳光随云彩忽明忽暗，海天相接处，白色的风电机在蓝天下旋转，像一朵朵飘飞的蒲公英。步道北端的东澳头是一片突出在海上的山岩，最醒目的是将军石，临海迎风，傲然而立。身后不远处就是烽火台和铳城了。

雍正七年（1729年），清政府在东澳湾的隘口处建立了城池，这座城池记录了一段战火与血肉的往事。原来的城池架设了炮台，派兵50人驻守，属香山县管辖，归驻虎门的广东水师提督节制，以弹压海盗、外夷。现今，依然能看到老城墙和大炮仿制品。铳城城墙为石块砌成，墙高2.9—4.8米，厚1.8—9.7米，平面布局呈长方形，长48米，宽20余米。城门设在铳城的西南面，以青砖拱顶，炮台设在西北角，正对主航道和东澳湾的入口。四方的围城，只有一门出入，历经近300年风雨，时间带来了荒芜，至今那棵巨大的古榕树已与城墙融为一体。

沿左右两边石阶往上走，炮台和悬崖边的烽火台依然有迹可循。三门铁炮面朝大海，威风依旧，守护着东澳湾，就像当年守护着中国南部的门户。

光绪年间编成的《香山县志》有东澳炮台的情况记载："万山东澳炮台在本营东南二百九十三里，上至左营十字门一百四十三里，下至西澳炮台七十里，兵五十名。""东澳炮台有炮位八位，架设有一千斤大炮、七百斤大炮各一门，五百斤大炮六门。"

清政府建立铳城和炮台，并派兵驻防，其目的很明确，就是控制珠江口与外洋的主要航道，护卫澳门和虎门，拱卫广州城的安全。

当我在城墙上眺望桂山岛和香港大屿山的时候，恍惚间我似乎置身于炮声隆隆的四方城里，看到了炮火连天的情景。

我坐享蜜月阁的风光，又移步到南沙湾的海边，行走在滨海栈道上。水清沙幼，一湾浅浅的碧海镶嵌着金色的沙滩，我被这些细腻绵软的沙粒感染融化。

沿着沙滩的步道和休闲广场款款而行，250米长的沙滩连接起酒店的两座主楼。行走在这里，可以观赏到无尽的风光，是选择清晨还是傍晚，全看你偏爱日出还是晚霞。

▲ 南沙湾沙滩

大王角灯塔

"走最'烂'的路,去看最美的风景。"这是一位徒步爱好者去淇澳岛探秘大王角灯塔时说过的一句话。这或许是调侃,也是期盼。因为大王角灯塔所在位置虽然有海浪、沙滩、阳光和巨石吸引着他,但同时那里的路也让他感到沮丧和陌生。

淇澳岛不是一座简单的岛屿,除了旖旎的风光,还拥有众多的人文历史资源。新石器时代末期的"沙丘遗址"、始建于宋代的淇澳祖庙、建于明代的天后宫、中国工人运动先驱苏兆征故居陈列馆、英国战败赔款修建的白石街、大王角灯塔……

在茫茫的大海里,航船就像误入迷宫,灯塔以闪烁的方式,进入我们的生活。

大王角灯塔位于淇澳岛东北端,于1928年由英国人建造,其名根据大王角山名字而定,是一座供珠江口外船只进入广州黄埔港的航标灯塔。相较历史中英国人给淇澳岛留下的伤害,这座耸立在伶仃洋中的灯塔,或许让淇澳人感到些许暖意。

大王角灯塔建于大澳湾与牛婆湾之间的山嘴,塔高108米,塔身白色,由坚硬的石块垒砌而成。塔顶的灯光经过水晶石灯罩的汇聚,形成强烈的光束,照射半径可达25海里,再通过复杂的齿轮变速系统,以每10秒旋转一次的速度扫过附近岛屿和茫茫海面,为远行的船只提供导航,导向前行和回家的路。

在一个炎炎夏日的午后,我驱车驶过淇澳大桥,惬意地驰骋在充满亚热带风情的淇澳环路上。沿途经过金星胆、南芒角、白芒坑露营地、东澳湾沙丘遗址，在一排排大王椰树整齐列队欢迎和热情的注目礼下，小车在一条四车道的沥青路面上蜿蜒前行，逼近红树林保护区时，在一个"T"字形的路口停下。在离灯塔约4公里的地方，保安放下的栏杆就像一堵墙，禁止前行。看着眼前崭新的水泥路面和筑路工具，我猜测他们又在修路架桥，或者在打造新的风景区了。

我感到错愕，望着手机上的导航发呆，目的地近在咫尺。我不能被这种地理上的禁锢所遗弃，我要在这陌生的时光里，寻找激情和诗意、恬静和美好。我尝试跟保安交涉，向他说明造访大王角灯塔是为了写作寻找素材，是为了宣传珠海的需要。最后他通融了，但要我先跟项目负责人打电话请示。温柔的女性声音从电话中传来，虽然一开始带有拒绝的成分，但最终故事还是继续展开。

车子终于驶过了栏杆，在新修的水泥路面上疾驰，径直向海边驶去。宽敞的路面让我感到惬意，与以前那些探秘者的描述并不相符。之前的道路，或许就是坑坑洼洼的，雨水交织着泥土混浊不清，车轮在深浅不一的路面上跳跃着、摇晃着，像喝多了酒的醉汉。那些骑行者，在泥泞中走走停停，身上浸润的是汗水还是雨水，只有他们知道。

眼前突然一亮，宽阔的珠江口海域便呈现在视野之中。潮汐退去的滩涂，裸露着它纯朴而低调的本色。随着海风吹拂，一股大海的腥味扑鼻而来，白色的浮云紧贴着遥远的天际，阳光被潮水切割成碎片，像跌落在海水中的金子，闪烁着金色的光芒。湛蓝的天空下，大澳湾美得像一幅精美绝伦的油画。而我即将探秘的大王角灯塔，如同一位守望者，静静地屹立在大王角山的绿色森林中。那半截洁白的身躯在万绿丛中显得尤为醒目，仿佛在向过往的船只诉说着它的往事。

沿着山脚下的海边漫步，那些被海水冲刷成圆形的巨石，仿佛就是这场历史的见证者；那些茂盛的海芒果在眼前摇晃着、诱惑着，理智告诉我，这些青

▲ 大王角灯塔

涩圆润的果实蕴含着令人生畏的毒素。我只好在葳蕤的芒草和交错的树木中寻找上山的路。

  灯塔就在海岸边大王角山顶。经过一间守塔人居住的红砖房，扒开荆棘，沿着山路，找到塔门。顺着螺旋式的楼梯，小心翼翼地走向塔顶。在距离地面108米高的塔顶向下俯瞰，感觉自己就像坐在绿海中翱翔的热气球上，森林和海洋就在脚下。白色的塔栏，紧紧护着那盏竖在塔中央的水晶石罩信号灯，红色的顶部显得斑驳。即便是坚硬的灯罩，也无法避免风雨飘摇的百年风霜，但也不会遮挡住历史的光辉。

  伫立在巍峨的塔顶，突然就有了一种脚踩青山、头顶蓝天的磅礴在胸中抒臆。一场浩大的视觉盛宴，就在眼前铺展开来：脚下的翠绿连绵不绝，如诗如画；头顶的蔚蓝深邃无比，无边无际；眼前的大海风平浪静，远处的港珠澳大桥像游龙一般腾飞在伶仃洋上；更远一些呢，香港、深圳、珠海、澳门让无数摩天大楼都紧密连在同一条天际线上，像志同道合的知己，手挽着手，肩并着肩，一起奋进在大湾区的浪涛中。

望着眼前波澜壮阔的伶仃洋，我仿佛置身于天与地、山与海之间，思绪却被拉回到历史深处，情不自禁地遥想百年前那段不堪回首的往事。

鸦片战争前，大量以英国人为首的外国人的鸦片走私船停泊在金星门海域，使金星门成为鸦片走私的避风港。他们在岛上肆意妄为，暗偷明抢，杀人放火，令岛上居民深受其害。终于，一再避让的淇澳岛人再也无法容忍这些鸦片贩子的骚扰，便团结一致，绝地反击。灯塔上闪烁的光见证了英国人在这座只有23.8平方公里的岛屿上制造的那些血风腥雨，留下了令人悲痛的记忆。

告别大王角灯塔，我伫立在牛婆湾的礁石上。此时已近黄昏，正值涨潮的时刻，黑色的浪潮滚滚而来，咆哮着由远而近，重重地拍打着脚下的礁石。那升腾的气息，气势磅礴，像一群群驰骋在草原上的黑马，奔腾不止。它们的每一次拍打，都蕴含着巨大的能量，让我深切地感受这大自然的力量和震撼，心中不禁涌起一股敬畏之情。

浪潮继续在脚下翻滚，一次又一次拍打着岸边的礁石和贝壳，也撞击着我的心灵。犹如大海的呜咽，仿佛在控诉那段伤心的往事。

大王角灯塔，这座屹立在伶仃洋畔的历史建筑，以其沉静而坚定的姿势，成为大王角山上一道永恒的风景。它的光芒穿越了岁月的长河，为无数航海者指明了前进的方向，也见证了淇澳岛的历史变迁。

香洲开埠

从野狸岛回来经过朝阳路、香埠路，头顶的薄云还在天上飘。转眼看到一栋古建筑，突然想起半年前的一个下午，我在珠海博物馆参观时，看到一张100多年前的老照片——香洲商埠全景图，照片里的情景是1910年4月香洲开埠的盛况。两三层高的西式建筑比比皆是，虽然有些还搭着木架子，但街市格局初显，人气旺盛，俨然都市模样。场面充满着市井的烟火气，反映出当年商埠的繁荣和人们的生活状态。

在博物馆里的众多展品中，对历史的一往情深让我对那张照片倍感亲切。1908年，这里是位于吉大乡与山场乡之间的"沙滩环"，面临大海，背枕狮山，是一块横直700多亩的海港荒野。有人倡议在这里创办香洲商埠，希望利用开放的商埠对葡萄牙统治下的澳门扩展界址和商业行为进行抵抗。

在与葡萄牙人对峙的那些年中，香山当地百姓有这样一种观念：葡萄牙占据澳门，依靠的是"黄赌毒"以及"侵占我们的土地"所依托的航运业的敲骨吸髓式掠夺，我们怎么办？香山士绅们号召百姓不要去澳门，"嫖赌抽"是葡澳当局的重要收入。但更重要的办法是用"商战"去打败他们，把他们从我们身上"偷"走的东西再补回来。除了对外实施"商战"，香洲开埠尚有吸引海外华侨资本发展本地社会经济的考量。香山与外界交通甚早，居民旅居海外者颇多。"其久居海外之华侨，盈千累万，欲归则无产可置，无地可栖。偶有挟资而归者，土人或反鱼肉之。"在这种情况下，"创兴廛市，度地居民"以便"保护招徕"，成为当地绅民之急务。

为附和民意和实现自己固有的愿望，香山享有"知府街"的贡生王诜，以及伍于政、戴国安、冯宪章等绅商倡议筹办商埠。商埠开办经费由王、伍、戴、冯四人出资集股，然后"认地酬价"，即由各商认购埠内土地，所得款项，作为筑堤、疏河、水渠、水埗之用。将来商埠逐年收益，则"涓滴归公，以示实行公益"。章程明确了"三不"原则，即"不招散股，不动公款，不入外国人股份"。于是，王诜、伍于政开始组建香洲埠公所，着手进行商埠的筹建工作。公所的人员配置为：总理王诜，副理伍于政，协理戴国安、冯宪章，顾问陈景伊翁、印程学。以上人员主理公所日常工作。此外，公所还聘请了31位名誉成员，他们分别是吉大乡和山场乡的乡绅。这些乡绅都赞成开辟香洲埠。据估计，当时香洲开埠经费约需银元180万，先由王诜、伍于政、戴国安、冯宪章等人自筹开办经费10万，另向外埠筹集，初步得到48万。

创办伊始，王诜等人通过广东劝业道陈望曾向两广总督报告了香洲开埠的详细计划，展现了一幅现代文明城市的蓝图：首先，商埠仿外洋街市，按棋盘格式开横路5条、直路20条。其次，于南北环及中区处建3个街市，分别从事牛羊猪鸡鸭鱼菜等贸易，并建圩场两处，每月逢三、六、九日为圩期，方便附近各乡买卖货物。再次，由商埠公所在埠内择地，供商家开设水火公司及建筑烧灰炉、砖瓦窑、棚厂店、猪栏、牛栏等；并规划修建住家小屋数百间，供工人及各色人居住或租赁，房租低廉。最后，为维持治安，商埠设有巡警局；为方便管理，商埠在位置居中处设香洲商埠公所，作为办公之用；并规划成立商务公所，以收地方自治之效。其他如学堂、善堂、医院、操场、休息场、戏院等公益设施也都在规划设计之中。

香洲商埠虽是商民自办，但因涉及对外通商贸易，与国家利益相关，故须朝廷批准。直接将香山绅商开辟商埠之请上奏者是两广总督张人骏。张人骏于1907年调到广州任两广总督兼广东巡抚后，处理经济问题仍然是首要任务，他整天为地方经济、中央财政的事情大伤脑筋。香山县想开商埠，是造福一方的想法，他当然支持。他在给朝廷的奏折中写道："臣查泰西首重商务，每不惜广开口岸，以收足国足民之效。中国则限于财力，经始为难。自中外通商以来，各省官辟之埠如武昌、济南、南宁等处，始稍占先着，勉挽利权。而绅民之自立者，尚未一见。今伍于政等倡为此举，其热心公益，固属根本之谋，而于归国侨民，尤为利便。诚能厚集资本，固结众情，他日斯埠之振兴，当可预决。当此试办之初，又为向来未有之创举，似宜宽以文法，以期乐与图成。"他奏称香洲开埠可挽回利权，振兴商务，固结众情，这正合清廷实施新政的旨趣。而其"宽以文法"之请，亦在朝廷允许的价值尺度之内，上下一拍即合。

1909年4月22日（三月初三），香洲举行了一次盛大的开埠典礼。出席这次典礼的有广东、香港和香山的官员、商界人士。宾客逾万人，盛况空前。其中有总督张人骏、水师提督李准、劝业道委员陈望曾等省城官员，他们乘坐宝壁兵轮前来香洲参加盛典，还带领随从和兵士等分乘29艘兵轮开往香洲，以壮声威。广州工商界、报刊界和慈善界等各界人士共百余人，则乘坐客轮前来参加典礼。香港方面，也有数百名商人分别乘坐轮船出席大会。香山县知县凌以坛、县丞杨鸿献、前山同知庄允懿等地方官员及拱北关帮办贺智兰、本地士绅数十名出席大会。王诜等人事先搭建了一座可容纳2000多人的大礼棚，棚里悬挂着"强国之基""利国利民"等横额。整个港湾旌旗遍布，人声鼎沸。开埠典礼伊始，张人骏在建埠公所大门亲手安置一块一丈多长、四尺宽的大木匾，刻题斗大的楷字"广东香洲商埠"，并落了款。

举行开工仪式之后，立即用炸药轰山，采石建筑。原计划优先建铺40间，由业主于两月内择地建铺。后来前来挂号登记认建的商人络绎不绝，不日便满额，最终共建商铺250余间。其中生意最好的是饮食店，如广华兴每日售货200余元。经统计，全埠工商人有2000余名，而野狸山附近渔船就有200余艘。

1909年8月14日，香洲商铺正式营业，前来游埠者不绝于途，人山人海，商铺的营业时间一般从早上5时至晚上10时。香洲的南北环和公所直街是繁华的中心商业区，聚集了油糖酒米、食品药材、山货陶瓷、金银首饰、皮鞋棉布、家具五金、文具纸料等前后40余间商店，包括永兴号、广信隆、广兴祥、义信、欧瑞记等，顾客买货极为方便。新开的日升酒楼、泉香酒楼和合栈茶居等天天顾客盈门，每到夜晚，灯光亮如白昼，一片兴旺。香港记者曾以题为《香洲埠游客记盛》的游记，报道了这一繁荣景象。

香洲埠的开业牵动人心，吸引了大量游客前来参观。特别是附近各邑人民，无论男女老幼，络绎不绝，蜂拥而来。其中也有来自美国旧金山和新加坡的人士。1910年9月，香山报章披露当时的盛况："香洲迩来中西游客甚盛，日前前任金山正埠许领事偕新任星架坡苏领事游观后，翌日又有黎君季裴偕卢黄诸君来游。时埠商演优天影班，五日五夜，四乡来观者，红男绿女，人海人山。初二虽戏已演毕，游客仍络绎不绝，登山临水，遍览埠场，先到公所索取埠图数张，旋到马路尝饮井水，甚赞美此埠水源之清洁，观于西人每到之地，如此考验，其注重于商务殖民，于此可见一斑。"

香洲开埠后，香洲附近的夏美、南坑、大镜山、山场、吉大、华子石、水涌坑、里外神前等村庄的农民也四面拢来，麇集在香洲中环街市摆卖农副产品。许多商贾则向农民购买农副产品运销澳门，然后又从澳门购进大批商品回来贩卖。其中生意最旺的要算渔栏业，那时来香洲的渔船达1000余艘。随着渔业生产的发展，开始产生了专门从事渔业剥削的渔蚝栏行业，如"发记""生合""星记""新两合""郭琴记"等10余间渔栏应运而生。自商埠开设渔栏十数间后，渔商均就近卖鱼，不再运销澳门了。

香洲商埠最大的特点是享有不设海关、免征关税的特殊政策。但开埠之初，这一政策并未落实。香洲开埠时曾制定《简明要章》13条，强调将"禀请大宪，本埠免设关税，以免留难而重商务"。按照章程，香洲开埠成功后，绅商即申请免征关税，但因事关国家法度，需向"大宪"即两广总督张人骏请示。张总督接到商埠呈文，很快致电农工商部，后又征询外务部意见，提议将香洲建为无税口岸。

开埠两个月后，1909年6月28日，张人骏离任两广总督，其职位由袁树勋代理。袁树勋上任后将香洲免征关税的各方意见札知广东劝业道会同布政司、粤海关务处核议，并广征舆论，推究利弊。各方均认为欲振兴埠务，保护商业，招徕华侨，挽回溢利，"非先明定该埠为无税口岸不足以资提倡而树风声"。稍后接替袁树勋兼任两广总督的增祺（1910年10月29日履任）亦赞同此议，他在致外务部的咨文中强调：西人商战"恒以广开无税口岸为无上妙策"。与此前主张香洲免税的两广总督张人骏、袁树勋均为汉人不同，增祺是满洲镶白旗人、广州将军，其接替袁树勋兼署两广总督，官衔全称为"总督两广等处地方提督军务粮饷兼巡抚事"，为兼辖两广军政事务的地方最高统治者，清朝掌握实权的封疆大吏。增祺奏陈香洲免税，使主张免税方面的话语权大大增强。

由于中央及地方官员大多主张香洲免税，宣统三年正月三十日（1911年2月28日）军机处钦奉谕旨："税务处会奏议复增祺奏香洲自辟菏（商）埠请暂准作为无税口岸一折，着依议。钦此。"以此为标志，香洲正式成为钦定无税口岸。

那么，澳门和香港如何看待香洲商埠呢？澳门勘界事务葡方大臣马楂度早在1909年9月25日的日记中写道："在香山兴建新城与港口，他们在那里投入了大量的资金。因发现远远不能取得预期的成功，便嫁祸于澳门。他们要求政府将香山确立为自由港。政府不能这么做，否则将使澳门消亡。"由此可见，澳门方面对无税商埠是多么的惧怕。《香山明清档案辑录》记载，同为侵略者的英国人九龙新关税务司夏立士，听说香洲正在申请作为无税商埠，立刻对中国方面说：香洲只可作为中国自开之通商口岸，若作为无税商埠非特于各处定章不符，兼与国家大局并无进益。

香洲商埠在开埠一年之内，各项建设均有突飞猛进的发展，商埠事业呈现一片繁荣兴旺的景象。据当时的记载："香洲埠生意日众，夜间南北环及公所直街多燃点大光灯，甚为热闹。中环街市已竣工，内有铺位甚多，于十四日开场贸易。埠中至夏尾南村、翠微前山之东洋车马路，由康正公司承办，并将展筑至雍陌鸡柏唐家银坑上下栅等乡。"人们期待的一座新兴的商业城市已经愈来愈走近他们的生活了。

然而，就在香洲埠建设顺利进行之时，麻烦也开始出现了。这些麻烦主要来自两个方面：一是商埠公所与吉大、山场两乡利益上的冲突；二是商埠公所本身某些问题决策失误。于是引发轩然大波，导致纷争不息。但是政府当局旗帜鲜明地站在王诜等人一边，保护商埠的建设。总督张人骏严正指出："香洲开埠，系兴商殖民之要举。业经本部堂将商人开办情形具折奏报，事在必行。断不容劣绅土豪，挟私阻挠，破坏公益。"

具有讽刺意味的是，随着商埠运作陷入困境，曾经受到各界高度称赞的"禁赌"规定很快成为具文，近乎公开建设赌场，营业赌博。让人费解的是，提出"弛禁"主张者恰是最初倡言严禁赌博的王诜本人。

导致香洲商埠最终败落的直接原因是遭遇大火。火灾发生于1911年7月，延续6个小时，横扫整个商埠，超过1000间房屋被焚毁，幸存的400多间也是断垣残壁。这场大火究竟是天灾还是人祸？直到现在也难判断，但火灾将商埠几近摧毁已是事实。

自1908年提出创办香洲埠以来，历经筹划、申报、租地、奠基、兴建各个阶段，香洲一时热闹非凡。后来出现了利益矛盾，纷争不息，负面新闻不断，商埠日趋萧条，不过建设工程仍在缓慢地继续进行着。直到1911年2月，清廷还批准了设香洲埠为免税商埠。人们仍对商埠充满期盼，热烈地讨论着它的未来。但辛亥革命以后，香洲埠的建设戛然而止，此后了无起色。一度生气勃勃的商埠从此便消失了。

香洲商埠是中国"最早开拓的经济特区"，是香山人创建现代城市的一次勇敢尝试，商埠的建设过程也是香山人关于民主改革的自我教育过程。从1909年开埠到1911年香洲商埠被一场突如其来的大火夷为平地，前后不过三年。这期间，朝廷自顾不暇，无力扶持香洲建设无税口岸。这一切，终使香洲商埠主事者试图通过建设无税口岸从经济上与港、澳竞争，以收回利权的初衷完全化为泡影。但该埠最显著的特征是免征关税，从事自由贸易尝试，这在近代中国实属先例，开创了一代先河。

苍苍横翠微

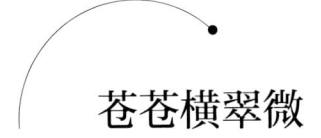

据说，在700年前，还没有"珠海"之名，却先有了这个村。

沿着凤凰山脉往南不到10公里，便是翠微村。在人们的印象里，它人口稠密、道路逼仄，城中村的改造正在大力推进。

翠微村的历史，最早可追溯到700多年前的南宋。

翻开《翠微村简史》，里面有"七街七里一条巷，祠堂庙宇状村容"的描述。"七街"包括长水街、大方街、中心街、槟榔街、街市上街、街市下街、北闸大街；"七里"包括南溟里、诒谷里、腾凤里、敦睦里、中和里、人和里、圣堂里；"一巷"指的是茶子巷。

古代有里甲制度，一里一般有110户人家。古时很多村只有一里，而翠微村拥有"七街七里一条巷"，可见其在当年的香山地区，是多么的繁华。

"翠微"一词是青翠掩映的意思。李白有诗云："却顾所来径，苍苍横翠微。"《珠海地名志》记载："宋代末期建村，原称'翠环'，后在清康熙年间村人郭以治中科举，回乡题词一首。词中有一句'苍苍横翠微'，村人便以'翠微'取名。"这便是村名的来历了。

村里有祠堂，上面刻有一副"翠水交前带，环山倚后屏"的对联。村里还曾有一处"翠环社稷之灵位"的石刻。"社稷神"，即土地神，是古代香山一带村民信奉的重要的村落守护神，佐证了志书记载，翠微村就是原先的"翠环"村。

回溯历史，在南宋的宁宗年间，当时南雄珠玑巷村民为避兵祸，有部分迁徙珠海的唐家、山场、翠微、南屏、北山等地。南宋末年，宋军兵败，一部分随从军民散居在珠海地区。至明朝万历中期，珠海立村的村庄多达50多个，多为宋兵留驻时开枝散叶，开荒垦土建设家园。到了明朝天启元年（1621年），随着前山寨的建立，来前山定居的人也越来越多，翠微村日渐兴盛起来。

断壁颓垣，记载着难以忘却的历史，也让他乡游子，隐约看到村落旧时繁盛的模样。

村里历史最悠久的建筑，应该是兴建于清朝光绪年间的三王庙了。不论朝代如何更替，在村民们的记忆里，三王庙始终香火鼎盛。虽然现今由于城市更新、城中村改造等原因，三王庙暂时停止对外开放，但我仍记得多年前到此游览时，寺庙建筑那精美的浮雕屋檐、斑驳的五彩壁画、棱角分明的石柱、幽深的楼宇……那是多么的让人沉醉和浮想联翩。尤其是听当地的村民说，每年的农历六月十一王庙日，他们都会在此聚餐欣赏戏曲表演，多么令我向往！

翠微村口的杨公亭，是民国时期的建筑，始建于清末民初，由香港前首席大法官杨铁梁重修。这座残存的老建筑，在道路转角处的尽头。它安安静静地伫立在巷尾，褪色的木门让人无法想象出几百年前的颜色，铁闸也锈迹斑斑。但它有绿色琉璃瓦铺就的屋檐，醉人的色彩透露出怀旧的古韵。尽管岁月风雨交加，斗拱上精美别致的灰塑图案依旧夺人眼球，似乎当年意气风发的模样重现。

在杨公亭，我曾与村里一位耄耋老人倾谈半日，他自豪地告诉我，旧时的翠微村，是被称作"小澳门"的，从明清时期一直到中华人民共和国成立初期，这里一直都是香洲的商业中心。

1928年3月7日，岐关东路翠微至拱北关闸路段开通，华侨郑芷湘发起组建了岐关车路有限公司。当时，这家公司设有翠微、前山、北岭和拱北关闸4个上下站的公路客运业务，营运初期每天有4辆客车往返于翠微与澳门之间达19班次，可见当时翠微与澳门之间居民交往多么繁密。

不仅早早与境外联通，翠微村的人文底蕴也声名远扬。据《香山县志》记载，清朝时期，在香山知县彭科的提倡和县丞魏绾的主持下，香山县始建书院，之后共建有九大书院，均为香山地区的"高等学府"，其中就有翠微村的凤池书院。翠微村的凤池书院于乾隆二十二年（1757年）落成并正式招生，这可是当地文化教育一件影响深远的大事。如今的翠微小学前身就是大名鼎鼎的凤池书院，校址至今未变，校内仍有"凤池书院"的牌匾，历经数百年沧桑，文教之风蔚然。

民国时期，1932年出版的《中山县政季刊》记载，翠微村当时有商铺近100间。这里商业繁华，人口众多，鼎盛时期四面云集而来的商贾，起码有近万人之众。仅仅是光绪年间，这里就有织布厂、典当铺、酿酒铺、烤烟铺、工艺纸扎铺、中西医诊所、茶楼食肆、猪肉档、服装店、理发铺等，各类商铺数不胜数，繁盛一时。

1941年至1944年年间，这里甚至出现过24小时营业的"通宵集市"，那可是少见的，足见这里的繁华。

翠微村不仅曾是商业中心，还是古时中山、澳门的交通枢纽，它的位置曾是凤凰山三条古道的交会点，连通三地。凤凰山曾经有东线、中线、西线三条古道，最早在宋朝时就已经启用，成为官府及商贾往来香山、澳门的交通要道。清咸丰十年（1860年）修筑的岐澳古道，被誉为"香山近代的茶马古道"，当时有不少香山、四邑民众，从古道经珠海前往澳门谋生，甚至参与海外贸易。

繁盛之地，人杰地灵。开村后的翠微村，名人辈出。仅清康熙到宣统年间，就出了9名举人、4名武举、1位进士。翠微名人的足迹遍布全国乃至海外，在历史长河中鲜活如初——

韦东喧（1800—1851年），字允升，号辉垣，前山翠微乡人，出身于富豪之家，自幼爱使刀弄枪，臂力过人，乡人称其为"铁牛"，及长，师于香山著名武师，清道光八年（1828年），考中广东武举。鸦片战争爆发后，他接两广总督祁𫖯谕，在家乡募集兵勇千名到新奄山营练，后因清政府在战争中失败，中英和议，团勇解散。韦东暄在乡设馆授徒，被誉为"香山八大教头"之一。

韦德（1900—1925年），翠微人，早年肄业于香港皇仁书院，受孙中山革命思想影响，于1921年加入苏兆征、林伟民领导下的香港海员工会，参加香港海员大罢工。1925年冬，陈炯明部被国民革命军击垮后，与亲信洪兆麟逃到香港，所乘的船正好是韦德所在的外轮，韦德决定舍身除奸，穿侍应生服装进洪兆麟房舱，拔枪向洪兆麟连发数枪，韦德知难以脱身，亦开枪自尽。他的遗体葬于广州黄花岗。

韦卓民（1888—1976年），前山翠微人，出生于茶商家庭，留学美国哈佛大学，又遍历伦敦大学、牛津大学、巴黎大学、柏林大学等著名学府进修深造，是一位学贯中西、融通古今的学者大家，在中外哲学史、逻辑学、教育学和宗教神学等领域均有精深造诣与众多建树，是我国现代著名的哲学家、翻译家、教育家和宗教学家，被西方称为"伟大的中国学人"。他曾长期担任华中大学校长（1929—1951年）、湖北省基督教联合会主席、湖北省对外文化协会副会长等职。1976年，他病逝于武昌。

听了老人一席话，再缓缓迈步翠微村，徜徉在青石铺就的窄巷，或行走在热闹的大街上，它悠久的历史、深厚的文化底蕴令人流连忘返，那古朴而繁华的气息，扑面而来。

翠微古街是必须去的，这是翠微村最具代表性的历史文化景观之一。在古街石板路上走走，两旁是青砖墙、木雕窗，众多明清时期的古建筑，似乎要将我们带去历史的过往。

也不能不去郭氏大宗祠。翠微村的郭氏大宗祠建筑雄伟，内部装饰精美，将宗族文化和建筑艺术恰到好处地融合。

还有翠微书院和翠微古井，见证了翠微村数百年的变迁和文化氛围。书院宁静，井水甘甜，古朴的氛围拂去人心浮尘……

永远的唐家湾

送孩子去坐落于香洲区唐家湾镇的中山大学珠海校区报到时,三面环山、一面向海的新学校令我们欣喜若狂,太美了!绿翠环抱,海天一色,环形教学实验大楼造型别致,似游乐园,又有几分神秘。这是亚洲最长、面积最大的教学大楼,全长超过570米,建筑面积超过7万平方米,有大小课室179间。还有那犹如一本打开的巨著的图书馆大楼,巍然而立,等待莘莘学子攀登,直至顶峰。还有彩色的体育馆,建筑风格独特,采用天然基础及钢拉索结构,外墙采用彩色压型钢板,屋面则是大跨度彩色钢板,活力四射。

放眼望去,这个小小的美丽新世界,就安卧在水天一色、秀丽明媚的唐家湾的怀抱之中。此后的几乎每个假期,我们都徜徉在唐家湾,累了就在大榕树下歇息,饿了就品尝茶果。

这里地处珠江口西岸、南海之滨,与香港大屿山隔海相望。

这里形成村落始于唐朝末期,最早居住江、程、冯三姓人家,名曰"三家村",村口有鱼塘,又叫"塘家村",宋朝以后改名"釜涌境"。

"唐家"作为地名,最早见于明代,在明嘉靖三年(1524年)编纂的《梁氏家谱》中,就有"唐家村"的记载。由南雄府珠玑巷迁来的梁、唐等多姓氏族人,遇此"枕山、环水、面屏"之福地,欣然停留,定居于此,繁衍生息。

20世纪30年代初,当时的国民政府将中山县定为"全国模范县",直属中央政府,享受省一级待遇,相当于省城,并由唐绍仪主持县政。县政府设在唐家,于瑞芝祠办公。唐绍仪的私家园林共乐园,则成为县政府的会客中心。

当时著名的街道龙庆门直街，现在的山房路，两边种满了百合、夜来香、簕杜鹃及高大的木棉树。当时的拱北关闸报告有记述："唐家一隅，街衢雅洁，气候温和，人口已有万余。"

中山县在唐家环建设中山港。唐家环正是唐家湾一开始的名称，后因粤语中"环"与"湾"读音相同，名称便逐渐演变为唐家湾。

中华人民共和国成立后，1953年，中央人民政府批准成立以渔民为主体的珠海县，县人民政府所在地定为唐家。2002年，经广东省人民政府批准，唐家湾镇设立。

唐家湾的西面、西北面有凤凰山、大南山。它背依凤凰山，凤凰山因此被称为唐家湾的"龙脉"。大南山巍峨险峻，一路向东，形成唐家半岛。唐家湾面朝珠江，西南部与大片平原地带相连，沟通了珠江西岸沃野，北高南低的地势，即使是夏季酷暑，东南风拂山川大地而过，也十分凉爽。东面的淇澳岛向西与海中的金星小岛、唐家半岛遥相呼应，三者呈"双龙戏珠"之势。

这里自古以来就是天然良港，连绵的碧翠岛屿，静谧的海湾，等待千帆晚归，构成唐家湾绮丽的景观。

唐家八景，令世人痴迷。

唐家湾腹地狭长，拥有上栅、下栅、东岸、官塘、会同、那洲、淇澳等十多个完整的古村落，村与村之间，杂树繁花绽放，山色水影交融。

这里文物古迹众多，有苏兆征故居陈列馆、唐国安纪念馆、栖霞仙馆、鹅岭共乐园、唐绍仪故居、古元故居、卢慕贞故居、白石街抗英遗址等。

唐家湾唐氏家族人才辈出。据有关方面的研究统计，清末至民国期间，唐家唐氏家族子弟出国留学者超过30人，留学足迹遍布美、法、日等，堪称中国第一留学家族。

通过公派留学、自费留学，以及侨居留学等，100多年前的唐家村人留学海外者人数甚众，可以说这里是中国最早"海归"聚集的地方。

2007年5月，唐家古镇被评为国家级历史文化名镇，是唯一以近代历史申报成功的历史文化名镇。

人们常说,唐家古镇有两个一定要去的地方,一个是山上的共乐园,一个是山下的山房路古街。

漫步唐家古镇,众多古建筑群令人惊叹,以清代建筑为主,反映了此地在清朝时期社会的巨大变迁和蓬勃发展。这些古建筑主要集中在山房路、大同路,包括祠堂、庙宇、民居等,采用青砖墙,门、窗框、墙基则用花岗石包砌,木雕、砖雕、灰雕及壁画的装饰普遍而又丰富,已经出现了中西合璧的建筑风格,将传统审美与现代意识融合,具有很高的历史、科学、艺术价值。

岭南乡村最多也最神秘、最富有特色的建筑,大概就是祠堂和寺庙。去唐家古镇,一定要去三间庙,在这里,岭南文化中的民间多种信仰文化共存现象,可以窥斑见豹。

三间庙位于大同路和新地直街的交会处,是圣堂庙、文武帝庙、金花庙的总称,并列于高台之上,建筑布局严谨,采用穿斗、抬梁木构架混合结构,有青砖蚝壳墙。三庙之间,有水巷分隔,甬门打通,并饰以石雕、砖雕、木雕及灰塑。屋脊有鳌鱼、佛舍利、虬龙、飞鱼、挑檐装饰,屋檐上有精美的浮雕花板,以及大量山水壁画。

三庙供奉不同的神灵,和谐共处,香火皆旺。圣堂庙又称唐家大庙,供奉释迦牟尼佛、三宝佛和观音菩萨。三宝佛是海底神,是船民出海的保护神。门联"宗法大启,法界宏开"是清道光年进士、香山人曾望颜所书。文武帝庙供奉的是文昌和关圣两帝,为学子求功名、乡民求平安。殿中有清代重要碑刻,系统记载了清代唐家军事、经济和文化的历史,具有重要的史料价值。金花庙供奉的是金花夫人,在传说中,金花夫人是掌管婚姻幸福、子孙繁衍的神仙。

朝朝暮暮,三间庙是人们流连唐家古镇的歇息之处。

来到唐家湾,会同村也是不可不去的。唐家湾镇西南部的会同村,是珠海迄今保存最为完整的近代村庄,是岭南建筑中宗族文化和西方文化交融的范例。

清乾隆年间，清政府关闭全部沿海口岸后，指定广州为唯一通商口岸，批准设立专为外国人服务的进出口贸易牙行广州十三行，由此迅速出现买办阶层，香山县涌现出买办家族，其中会同村的莫仕扬三代作为英太古洋行的总办达60年之久。三大买办家族除了莫仕扬家族，还有唐廷枢家族、徐润家族。他们和其他买办一起，进入了买办之乡的经济和社会发展历程。

名人故里、买办之乡、华侨之乡浓郁的历史气息扑面而来，遥远的逝去的岁月时光似再次浮现……

会同村坐落于凤凰山北脉丘陵地区，始建于清雍正十年（1732年），开村始祖莫会同（名与京）。这也是个华侨古村，祖籍该村的华侨主要分布在美国和马来西亚。现存传统民居近40座，包括莫氏大宗祠和栖霞仙馆等。

莫氏大宗祠坐东向西，共有四个院落和左右两个冷巷、一个天井。它是砖木混合结构，硬山顶，青砖墙，灰瓦面。建筑上的灰塑、彩画和木雕等均保存完好。

栖霞仙馆为西洋别墅花园式建筑，时间已有百年。它是会同村人、香港太古洋行买办莫咏如修建，占地面积近万平方米，由门楼、斋堂、观音池、六角亭、茅亭、啖荔亭、人工山石等组成。

2023年12月，珠海高新区唐家湾镇的核心区域唐家历史文化街区入选中国华侨国际文化交流基地。至此，珠海市共拥有两个中国华侨国际文化交流基地：珠海市香洲区容闳博物馆、唐家历史文化街区。

唐家历史文化街区有唐绍仪主政中山模范县时期修筑的600多米长的山房路和400多米长的大同路，诸多街巷串接，街巷中保留着反映近代岭南建筑中西兼容风格的文化景区、教育遗址、名人故居、祠堂庙宇等众多历史遗迹，包括省级文物保护单位4处、市级文物保护单位3处，以及不可移动文物18处，还有16处珠海市历史建筑。

唐家湾茶果、唐家金花诞、唐家麦记饼艺、药线灸、唐家三庙神诞系列、岭南苏裱（装裱修复）技艺等非物质文化遗产代表，纷纷在唐家历史文化街区设立了传承基地。

至今，不到山房路走走，好似并未到过唐家。穿行于绵长深幽的古巷，脚踏清石板路，不经意间，你可能会踩上当年留下的窨井盖，上面有1932年中山县建设局的公示："盗买与盗卖各罚伍拾圆报信或引拿均六成补偿。"小小的窨井盖，也算是中山模范县建设成就的见证吧。

说起唐家，瑞芝唐公祠的唐家村史馆也是必须去的地方。

瑞芝唐公祠建于清光绪年间，是唐家村茶商唐瑞芝的自建祠堂，呈清代岭南建筑风格，两进院，建筑有石雕、砖雕、木雕、灰雕和鎏金装饰。当年祠内装饰多用金箔，并请来晚清岭南著名的壁画家杨瑞石绘制壁画。环顾祠内，隐隐约约仍能看出当年的富丽堂皇。

祠堂中间的影壁写着"唐家村史馆"几个大字，简朴干净，墙上挂满了密密麻麻的文字介绍，展示了唐家村的历史演变、民俗文化，也讲述了71位唐家历史名人的生平事迹，包括近代民族实业重要奠基人唐廷枢、民国首任总理唐绍仪、中国律师协会创办人唐宝锷、著名外交家梁如浩、中国电报事业奠基人之一唐元湛、中国第一家内地自来水公司创办人唐杰臣、同盟会女杰梁定慧、粤剧剧作大家唐涤生、农学家唐有恒、政治学家唐悦良……

历史烟云中浮现着生动的面孔。

离开唐家村史馆，该去品尝茶果了。

唐家湾茶果流行于民间数百年，花式品种越来越多，已经有近40种，包括大龙糕、豆捞、角仔、煎堆、炸糖环、油炸角仔、生粳糕、叶仔、栾樨饼、萝兜粽、𫂰水粽、𫂰水糕、五指揸、芋糕、萝卜糕、银糕、崧糕、食饼、糖熬米、页糕（千层糕）、茶果汤等，按年节制作，美味可口。

数一数这些茶果名，就叫人垂涎欲滴。

不同时节的茶果各具风味，按节令制作，想要全部品尝完，可不容易。

▲ 唐家湾茶果

三灶岛沦陷

走进三灶，总有那么多的往事令人回味：4000多年前的沙丘遗址史，先民百越人的迁徙史，华侨漂洋过海的创业史，日本兵杀害三灶人的血泪史……尤其是，每当想起日军侵占三灶岛后犯下的罪行，那些冤死的灵魂，我仿佛感受到他们的呼吸，在向我诉说当年的惨烈和悲壮。

忘记了我是哪一年去的三灶。是一个秋天，去观看珠海国际航空博览会。两个多小时的车程，我赶到珠海机场，凭票而入。在观礼区，我看到多种飞机在跑道上此起彼落，它们像一把把利剑在云端穿梭，又像一朵朵云霞在天上飘飞。看着那条长长的跑道，我试图想象当年侵华日军在此修建机场的场景。站在恢宏的新机场，即使所有的证据都消匿于时间之外，我仍能感受到那段跑道从20世纪30年代传来的信息。

1937年，有许多光头打扮的"和尚"在海澄、圣堂、草堂、屋边等几个村子一带走街串巷，口中念念有词。小孩们常追在后面看稀奇，村民大多信佛，便请这些"和尚"回家吃饭、念经。有时，这些"和尚"还会拿出个本子画着什么，因为语言不通，村民就没有过多在意。之后不久，村里人就看到刺刀上挑着"太阳旗"的人进村。于是有岛民把消息告知管辖三灶的中山县，未得认可，反遭嘲讽："日本人来了三灶？没有的事！"

那些达官显贵整天忙于沉醉春风，又有谁会相信偏僻的小岛来了日军？不知是官员的悲哀还是岛民的悲哀。毋庸置疑，对三灶岛的价值认知，日本人较之那些达官显贵更有眼光。但他们的眼光是为了掠夺和杀戮，达到自己的目的。

"七七事变"后，日本帝国主义发动了全面的侵华战争。1938年1月17日，日军6000多人在三灶岛莲塘湾登陆。日军登陆后就立即开始修建飞机场，设立以藤田中将为首的由海、陆、空军组成的司令部，把三灶作为侵略华南的军事基地。日军为其军事上的需要，在三灶岛进行了血腥的大屠杀。是年农历三月十二日，日军洗劫鱼弄村，386人遭枪杀；十三日，日军烧毁了上表、邓家湾等36座村庄和164艘渔船，他们强奸妇女、杀戮儿童，在全岛施行灭绝人性的"三光政策"；十四日，日军又将抓来的男女老少2000多人，分别在草堂沙岗、莲塘湾沙滩园祠堂、石湾关帝庙前等地集体枪杀。短短三天内，岛上大部分村落被焚为焦土，尸横遍野，惨绝人寰。在三灶沦陷8年中，日军杀害三灶同胞2891人，饿死3500人。同时日军还将从朝鲜及中国台湾、万山、横琴等地抓来修机场的3000多名劳工秘密杀害。

日本投降后，逃离的居民陆续返岛。1948年，他们收拾死难同胞骨骸埋葬于上茅村、西里村，分别建立了"万人坟"和"千人坟"。为了让三灶的子孙后代永远不忘这一民族灾难，1979年将骨骸迁葬于竹沥山，重修坟墓、纪念碑和牌坊。尔后，此处成为全国重点文物保护单位、爱国主义教育基地（中华人民共和国国务院2013年3月3日公布）。

从斗门回来，要去三灶，经过竹沥山，我停下了沉重的脚步。沿着水泥梯级一直往上走，我被"悲恨长天"的"万人坟"惊住了。在那棵高大的凤凰树下，我凝视着三角形的纪念碑，它就像一把利剑，刺痛了我的心。那些无辜的冤魂，那些无助的哭声，我怀着悲怆的心情，态度庄严，向死难同胞鞠躬敬意。

三灶侵华日军罪行遗迹——日军慰安所的确切地址是上表路五巷12号，但是如今很多人并不清楚这个地址。在机场公司一个陆姓朋友的引导下，我走向上表路，因为搞不清楚具体位置，问了那条路上几个开餐饮店的人，也是一脸困惑。徘徊中，顺便问了在家门口浇花的一位老妇人，好巧不巧那个慰安所就

▲ 三灶岛侵华日军罪行遗迹

在她家的屋后。

老妇人姓谭，暂且叫谭姨吧，73岁，她是附近村嫁过来的。她家与昔日的慰安所相邻，相隔仅有几米，约20年前自家建起了白色的三层小洋楼，与隔壁低矮潮湿的慰安所形成鲜明的对照。她正准备下厨，当我说明来意后，她说："我现在没有钥匙，前段时间文物部门的人将里面的东西都搬走了，一直空着，没人打理。以前他们留钥匙给我，如果有人过来参观，我就会开门。"

谭姨带我沿着那条一米多宽的小巷，走向慰安所。这是一栋青砖黛瓦、内外墙爬满苔藓的大屋，三进式，占地181平方米，有两层楼。大门的门框是用条形麻石做成的，有三人阔，一人半高，门楣上的"阅书报社"模糊可见。我从上锁的门缝往里张望，一股潮湿的霉气扑面而来。对面是一间约5平方米的堂屋，屋前的地面是用条形麻石铺成的天井。堂屋左右两边各一间二层的阁楼，地面用方形地砖铺就。阁楼上层朝天井这面是水泥围栏，但堂屋上层的正面则是木质栏杆，往上细看，瓦檐下绘有金色的花草和动物图案。

我问了谭姨一些慰安所的历史，她对过去的那段历史不是很清楚，只知道侵华日军来这里之前，这里曾是一个叫"阅书报社"的书院，有100多年的历史。据《文化三灶》援引邻居霍伯（生于1922年，已过世）的话：日本仔侵占三灶岛后，几乎把整条村的人给杀光了，幸免的跑到山上或逃出岛外避难，上表村几乎成了一座空村。当时日军在三灶岛驻扎的兵种有海、陆、空三军，人数众多。为了"劳军"，日军开始对"阅书报社"装修，改造成了日式妓院。到这里的慰安妇，大多是从朝鲜、中国台湾及东南亚等日本占领区掳掠过来，然后集中到中国香港，或者日本冲绳等地。每隔几个月，占领香港的日军就会把十几名慰安妇随军备物资一起，用船运至三灶岛提供性服务，有时甚至每人每天要接待100多名日本兵。慰安妇穿着盖过脚踝的连衣裙，和服色彩鲜艳，多为红色和黄色，领口处别着一条白手绢，都穿着木屐，走起路来小心翼翼，看上去很温和的样子。当时慰安妇都是随军一批一批地被运来，每次不超过15人，相隔几个月就会换一批。她们大多是十五六岁，也有20来岁的。慰安妇的日子不好过，每天都有日本仔看管着，没有一点自由。后来日本人投降了，军队都撤走了，这些女人也不知道去向。

谭姨捋了捋头发后说："'慰安所'废弃后，一直没有人居住。很多年前，村里人在这里摆放棺材，还被人称为'鬼屋'，为不洁之地。"

说到这里，谭姨像想起了什么，抬头望向马路的对面，她说："我们这里经历过事件的几位老人，在十多年前甚至几年前陆陆续续去世了。现在有个90多岁的老人还在，她最清楚以前的事情，她会说些日语，还做过慰安所日军的翻译。昨天还看到她出来，坐在路边的大树下晒太阳。"这激起了我想采访那位老人的愿望，但谭姨说："她耳朵有些听不清了，也不知道她家里人会不会同意。"我只好打消了这个念头。

离开慰安所的时候，我再次回望那些樱花式样的装饰窗栏和瓦檐下那些装饰画，脑海中浮现一幅幅罪恶的画面，那种种非人的摧残和蹂躏，留给人们强烈的震撼和无言的思考。那些装饰，见证着当年我们曾经的屈辱和历史。

　　离开三灶的时候已是黄昏，我再去莲塘湾寻找当年日军登陆的确切位置，已无踪影。时间可以消解许多东西，但不能磨灭灵魂深处的记忆。站在海岸边，暮霞洒落在莲塘湾的沙滩上、高架桥下，为大地涂上了一层淡淡的橙红。远处，降落的飞机向机场慢慢逼近。近处，穿梭的车流在宽阔的路面经久不息。面对喧嚣而又恬静的大地，我的思想在跌宕起伏后，终于看清了存留的记忆，恍若隔世。

华侨往事

华侨农场，一个诞生于20世纪的名词。到今天，它和它的居民们已渐渐淡出人们的视线，成为封存在历史里的记忆。华侨农场的居民们来自不同的国家，命运却十分相似。他们在自己的祖国，有的还固守着祖籍地和侨居国的语言和生活习惯，他们讲粤语、越南话……他们的历史，是中国历史进程中一段不可遗忘的过往。

华侨们的切肤体悟、衷情满怀的追记，反映着一个时代的不同侧面。红旗华侨农场的那些归国华侨与中华人民共和国相伴走过风风雨雨，其中有他们个人的生命立场，也有国家立场，是他们的个人故事，也是国家故事。国家给予他们温暖幸福，他们也曾经和国家一起经历苦难。直到今天，国家变得繁荣强大，他们也过上了平静幸福的生活，这当中，一直有一种信念和精神支撑着他们。

或许今天我要说的内容离我们这个时代有些远了，很难让这个时代的人们发生兴趣，但我仍然想说。华侨农场跟归国华侨相互关联，整个华侨农场的变化，包含了一代人的心血、精神以至全部生命。华侨农场里每一个人的生活风格都不可分离地与国家精神、国家历史、国家生活的变化结合在一起，形成了华侨农场的主流生活。既然他们每个人都生活在国家推动的历史变化之中，也就生存在国家精神和华侨精神之中。华侨农场的生存史，就是归国华侨的奋斗史。

在未去红旗华侨农场前，它给我的印象是：蜿蜒数十公里的海岸线，望不尽的甘蔗地和香蕉林，此起彼伏的摩托声、狗吠声，以及低矮破旧、潮湿阴暗的砖木结构房屋。一些老华侨赤着脚在自家门前喝茶纳凉，一些年轻华侨骑着摩托车到企业上班，还有一些中学生骑着单车到校，随即走进书声琅琅的课室。因为以前我任职的广州市国营珠江华侨农场，就是这样的形象，一副田野的模样。然而，当我驱车驶入红旗镇的地界时，眼前的场景颠覆了我的认知。这不是乡间僻壤，也不是寻常巷陌，而是高楼林立、汽车横流的现代化小城镇。我要找的华侨农场旧址呢？我要访问的原华侨农场的职工呢？均无头绪。

车子继续在广安路上前行，无意中见到了宽阔气派的红旗镇文体中心，出于文体工作的职业本能，我停车问了1.9米高、笑容满面的保安蒋先生。他很热情，还是个"本地通"，他加我微信，向我发送资料，还给我指明了要去的地方的方向，我立刻感到亲切和温暖。

爱国村、大林三连、八一五连、红灯四连、红旗农场、红旗糖厂、红旗矿山、红旗总站……我穿过尘土飞扬的建筑工地，冒着一阵连着一阵的暴雨，穿行在这些大街小巷中，有一种说不出的心情。来到三板市场时，那些20世纪六七十年代建设的房屋，那些摆摊卖货的市民，在高楼林立的都市中显得格外鲜活，触碰了我内心的柔软。

总是对那段历史记忆犹新，对农场的主人怀有情愫。我毫不犹豫走进那几排老旧的华侨屋，寻找烟火的气息，就是不见人的影子。当我转身准备离去时，发现竟然有个人在菜地里转悠，他微微抬起头，充满疑惑地看着我。

我与他攀谈起来。在聊天中得知，他是江门人，姓陈，1969年时19岁的他被"人才引进"来到红旗华侨农场，主要种植甘蔗和水稻。"那时的红旗华侨农场只有1万人左右，需要引进能种蔗的特殊人才。我们那批人大多来自番禺、中山、江门，那时跟我们在一起的还有一批驻地部队。"陈老伯越说越起劲，他指着不远处的一个小区说："我有两个女儿，有一个住在那里，她让我搬过去住，我和老伴都不同意，因为不接地气，总是心慌得很。我现在跟老伴每月各自有6000元左右的退休金，我们每天吃饭、喝茶、散步，自在得很。"

又回到路边，我问了一位市民，为何路名取得像军队的建制，且跟红旗有关？他说，之所以叫连队，是沿袭了原来部队在这里驻扎时的称呼。但凡是名字有"红旗"的地方，总是有着感人的故事……

我要去的另一个华侨农场，叫平沙华侨农场，即现在的平沙镇。小车在珠海机场高速行驶，经过鸡啼门特大桥后，就转入珠海大道，随即就是平沙镇的属地了。平沙镇给我的印象没有红旗镇那么"高大上"，地多人少，路窄楼稀。但不能阻止我对它的兴趣，甚至更引领我走向它的深处。

小车在平沙路上行驶，始终找不到要去的方向。干脆从路口拐入旁边的小路，寻人问道。炽热的天空下，巧遇一位老人撑伞走过，打过招呼后，我赶紧停下车来，与他攀谈。老人戴副墨镜，白色格子上衣，配以黑色运动裤，显得精神十足。老人知道我的来意后，侃侃而谈。他用粤语述说着自己的经历，是那么漫不经心，又是那么淡然镇静。他神情里闪烁着记忆的光芒，仿佛如烟的往事从历史深处从容地走来。

老人名叫李成珍，住在连湾七队，现年87岁，是一位来自越南的华侨。"我祖籍广西防城，自父亲那辈起就迁徙到越南广宁省定居，以务农为生。我是在越南出生的，到1978年被越南当局驱赶回国时止，算起来也有六七十年了。"他说到这里，神情有点忧郁，但马上又恢复常态。

一家人回到祖国后，被安排在平沙农场种甘蔗。平沙农场以前有间糖厂，种出来的甘蔗都送去那里榨糖。当时，40岁出头的李成珍勤于务农，他留意观察别人如何种甘蔗，较快掌握了种植方法，比如甘蔗长大后，若天气干燥，必须坚持多浇水，至泥土湿润为止。还要经常检查甘蔗有无病虫害，农友告诉他，甘蔗容易得白叶病、崁文病、叶枯病。只要得病就很难有药去解决，只能整株拔掉、烧掉，以防止传染开来。

冬季收割时节是蔗农最喜悦也最辛苦的时候。冬天的平沙海风吹袭，空气湿冷，在寒风冷雨中砍甘蔗，时间一长浑身湿透，冷得让人打寒战。李成珍虽然戴上长袖套，但带锯齿的蔗叶仍不时割得皮肤流血……即便如此，老人还不是正式工，当我问他退休金每月多少时，他说才2000多元。不过，他说现在过得很幸福，有两个儿子，一个务农，一个在工厂里打工，都已退休，可谓儿孙满堂了。当年被越南当局驱赶，华侨们在越南积攒的财富被这个国家强行掠夺。"不做异国人，不知祖国亲。我现在已经不去想那无情无义的伤心地了！"李成珍老人说。

我始终对昔日的华侨农场有一种情怀，便问李成珍老人那些华侨屋的存在。他说："旧时的华侨住屋不多了，在大海环五队还有一些，因为低矮破旧，几乎没人住了！"

根据老人的指引，我开车向目标前进。一样的土地，不一样的作物，现在田里种的大部分是香蕉，而非甘蔗了。

大海环五队的公交站牌立在海堤边，这意味着五队就在附近了。堤岸是双车道，水泥路面，公交车通到每个生产队。五队的位置比较偏僻，靠海，只有几十户，住的人少。但路面比较整洁，房子的结构还是那种红砖、红瓦和三角形的屋顶，但不至于像红旗镇的那些华侨屋那样低矮破旧。从每户门口走过，几乎看不到人，或许是因为中午太阳热辣的缘故，又或许是根本没人住。

突然被一阵狗吠声惊扰，继而出现了狗的主人。男主人看上去干练，但话语不多。知道我的来意后，邀请我进屋叙说。在聊天中得知，男主人姓王，五十几岁，1979年跟随父亲从湛江到平沙农场种甘蔗，现在过得有些勉强。他说："我们没有分到住房，现在住的这间房是自己建的，平沙镇政府也为我们建了拆迁房，约100平方米，但要补交30万元才能拿到。孩子在外面打工，去哪里赚钱买房？"后又补充道，"不管怎样，日子也得过，虽然我们比不上城里人，但生活平静，与世无争。"

这就是一位素面朝天、朴实豁达的农民的生活态度。就像这寂静的院落，除了龙眼树、菠萝蜜树枝的摇曳，以及阳光的抚慰和关照，其他一律沉静着。

通过中国侨网，我翻越了珠海历史的藩篱，走进红旗华侨农场和平沙华侨农场的内心，探索这片土地上曾经生活着的人们。

红旗镇的前身是红旗华侨农场，位于西江出海口鸡啼门与磨刀门之间的南海之滨，农场建场前是海岛和一片荒滩。1964年，中国人民解放军野战部队进驻海岛，进行围海造田，建成白藤、灯笼沙生产基地。1969年12月，在解放军生产基地基础上成立红旗农场。1973年，红旗农场由地方国营农场转为省属国有农场。1978年，该农场先后接收安置6批共2816名越南归难侨，并更名为"广东省红旗华侨农场"。1988年，红旗华侨农场划归珠海市管辖。1990年1月，成立红旗管理区，享受县一级经济管理权限。2000年1月20日，红旗撤区建镇，并于2001年纳入新成立的珠海市金湾区管理。2002年，红旗镇与小林镇合并，隶属珠海市金湾区政府管理。2014年，辖区面积123平方公里，总人口110000多人，其中归侨1657人，侨眷1714人。

平沙镇的前身是平沙华侨农场，位于珠江出海口的西侧，东接鸡啼门，西临黄茅海，北与斗门区乾务镇接壤，是珠海市陆地面积最大的镇。1978年，平沙接收了6623名越南归难侨，并更名为"广东省平沙华侨农场"。1988年，广东省政府将平沙华侨农场下放珠海市管理。1990年1月，更名为珠海市平沙管理区，仍保留华侨农场建制。2000年5月，改为平沙镇，隶属珠海市高栏港经济区政府管理。2014年，辖区面积197平方公里，总人口78595人，其中归侨2354人，侨眷4960人。

回到现时，我无法统计红旗镇和平沙镇还有多少归难侨，又有多少早期耕耘农场的蔗农们。但我知道，他们平凡、普通、勤劳、感恩，当他们步行在小区的林荫道，或者坐在院落的树荫下时，斑驳的阳光照射他们的脸庞，连皱纹也乐开了花。现在，不管是红旗镇还是平沙镇，还生活着很多华侨的后代，他们的父辈从越南毅然归来，没有带回任何资产，但在今天的改天换地建设中，依然活出了精彩。

历经几代人40多年的筚路蓝缕，如今红旗镇和平沙镇已经驶入现代化建设的快车道：创业集群的不断聚集、住宅小区的成片开发、商贸中心的相继进驻、配套设施的逐步完善……一个"河清、岸绿、楼靓、景美"的现代城镇正在崛起。当人们茶余饭后回首过去和展望未来时，总有一些令人感慨的华侨往事。

第二辑

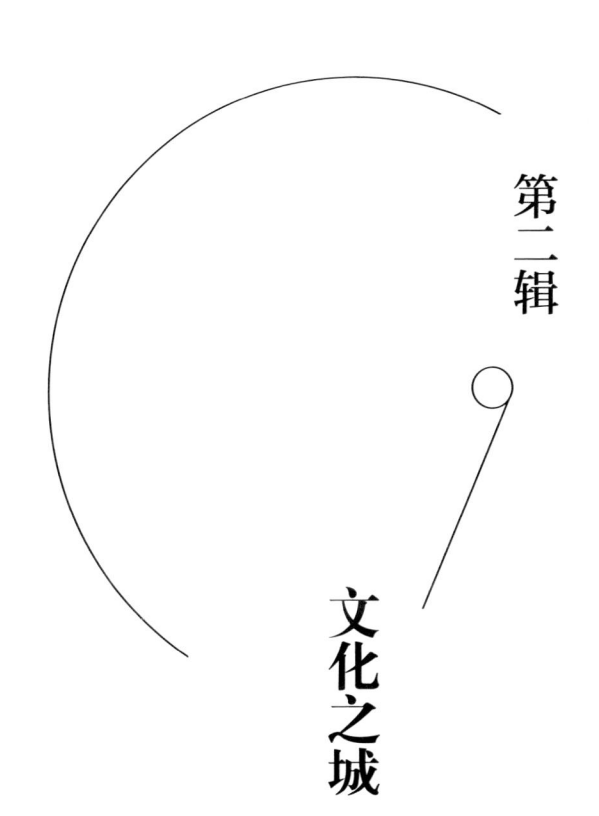

文化之城

一个城市的记忆，必须打上文化的烙印。珠海与澳门陆地相连、与香港隔海相望，是中国重要的口岸城市，在与外来文化的长期交流、碰撞、融合过程中形成了海纳百川、兼收并蓄的精神品格。在近现代历史的大变局中，珠海人比大多数其他地方的人更早、更全面、更深刻地接触和了解西方的政治、经济和文化，涌现了许多开风气之先的文人志士——容闳、陈芳、莫仕扬、苏曼殊、唐廷枢、徐润、唐国安、唐绍仪等，以及人文景观——杨氏大宗祠、鹅岭共乐园、日月贝大剧院等，铸就了珠海人文精神的丰碑。

闲居金台寺

近日和葵花等众友人一起，躲进了斗门的金台寺，小住了一晚。

葵花是金台寺的居士，经常到寺院做善事，有缘认识主持弘如法师。一个懂文学，一个建寺院，在谈及金台寺的文化建设时，终于促成这次黄杨山的闲居行动。

车子在黄杨大道行驶，穿过写有"黄杨圣景"的三孔雕刻石牌坊，就算是进入金台寺的地界了。车子越往前走，越见山势蜿蜒，林深树密。过了山门，莲盘上坐着的石雕佛陀像，手捻佛珠，向我微笑，我没有供果和鲜花，就把车停在它旁边的树荫下，转身向目标山路走去。

沿着十八罗汉伫立的青石板路拾级而上，洁白的云霞在头顶散开，半天不挪动一步。走一会儿就大汗淋漓，我喘着粗气，倚着石阶的护栏，鸟瞰远方。澄澈的水库湖面，长平入镜，被深绿色的树林包围，拱卫寺门。烈日当空，湖面金光，殿宇生辉。

我们站在金台寺书画院的平台上，遥望对面的青山，想着各自的心事，长久地不发一语。时间能够容纳下许多事物，诸如风的喘息、鸟的鸣叫、游人的攒动、汗珠的滴落，以及脑海里来不及整理的往事和幻想。我们就在各自的时间里增长记忆，打磨思想。

寺院里面的清规戒律并不能阻拦思想的发挥，反而令人抛弃了世俗生活中那些不必要的累赘，让身心轻捷地进入一个自由的世界。尤其对于我们这等俗众来说，这里全然是另外一个世界，可以放下诸多顾虑，可以不用钩心斗角，像寺院的晓风，随意去来。

在会议室，我们听取弘如法师始终秉持爱国爱教的坚定信念，积极倡导佛教教义与社会主义核心价值观融会贯通的宣讲。同时，弘如法师积极响应弘扬中华优秀传统文化的伟大号召，提出建设"金台文化院"、佛教"中国化"示范基地的想法。我们钦佩弘如法师的理念，那些平日里占满了头脑的俗念，那些斤斤计较的得失，仿佛都成了前尘往事，不值一提，都在木鱼与石磬的敲击声中化为虚无。在寺院里穿行，我的步态轻快了许多。蓦然抬头，正好望见石栏外的几棵菩提树，在风中晃动着叶子，如同洁净的鸟群，在天空下翻飞着翅膀。

寺院里的斋饭描述着岁月的清寂。玻璃碗里装着的咸菜和豆腐，瓷盘里盛着的馒头和青菜，凝聚着土地和雨露的精华。它们让我们懂得了生命中哪些是必要的，哪些是多余的，让我们认识到生命与天地合乎自然的本质。弘如法师说："招待不周，望大家不要计较，不看僧面看佛面。"僧人认为，一箪食一瓢饮来之不易，需格外珍惜。人类作为自然链条中的一个环节，自然也不能过于放纵，简单的饭食，因抛弃了繁复累赘的加工而显得与众不同。

金台寺超然物外。它不收门票，不收停车费，不挣香火钱，一切随意。按理说，中国的寺院，建筑布局大同小异。那深红的山门、精美壮观的大雄宝殿、古朴的配殿与僧房，以及浑厚朴实的佛塔，都有着固定的位置，秩序井然，千百年不曾走样。只是在建筑和雕塑的细节上，随着时间和空间的转换而略有差别而已。这些寺庙大都香烟缭绕，人流如织，吸引人们不远千里前去拜谒。然而，有的寺庙却是利声喧哗，有的是求签收费，像无情的利刃，划破我的幽梦。那样，我只会从寺庙仓皇逃窜，一分钟也不想停留，不是要割断寺院通往世俗的道路，而是希望守护住它自身的静穆庄严。

寺院是出家人修行的场所，对于俗世众生，它也有平凡的世俗意义，人们在这里试图用自己的虔诚来换取神灵的保佑。那绵延的香火，就是沟通神圣与世俗的纽带。可是，当我得知那些众多的居士和志愿者，他们不计报酬，任劳任怨，自觉参与寺院的各种义务劳动时，我对宗教精神多了一层理解。寺院令我的沉思摆脱了世俗的恩恩怨怨、是是非非、真真假假，而逼近了事物本身。尽管我并非佛教徒，我的参悟也终难求正果，但是闲居的日子让我静思默想，或许我不能想清楚自己所有的困惑，但思考本身就是一种修炼，就是一种清醒的觉悟。

山色青青，一峦连接着一峦。在山顶青石板铺就的平台上踱步，我的心中就常在猜测对面山林的枝叶究竟有怎样的花纹，湖边的栈道有多么的美丽。水库湖面带着银亮的光泽，在眼前划过一条优美的弧线，如僧人们宽大的袍袖，在殿宇廊柱间闪现。我和友人们从山上到山下一口气走了几公里，不知疲倦地行走，直到天黑了、腿软了、口渴了，脚底几乎跟大地紧紧地纠缠在一起的时候，才回到山上。

金台寺虽然遗世独立，但它仍旧不失人间的温度，它和所有其他寺院一样，从不拒绝凡人的光顾。此寺可接纳行者来此歇宿，不取分文。山寺的阳光纯洁而健康，同时也充满着梦幻般的柔和与慈爱。弘如法师讲经弘法、爱国爱寺，以及随手捡垃圾，为了节约夜晚不亮一盏灯的言行，很让我感动。第一次来到这里，我就暗自发誓，一定得悉心体味山中无日月的空灵，然后，带着一颗干净的心，轻松下山。

金台寺的前身是"金台精舍"，位于不远处的山顶水库边，现只有四周土墙，屋顶见天。南宋末年，诸忠臣护卫着祥兴帝赵昺在崖门海面摆开千艘战船抗击元兵失败，丞相陆秀夫背负着年幼的祥兴帝投海殉国。大将张世杰率领余部突围，在海面遇上狂风舟覆而亡，其遗体漂流至黄杨山下，被村民发现并安葬于黄杨山麓。遗臣承节侍郎赵时鏦、大理寺丞龚行卿、翰林学士邓光荐等人，为躲避元兵追杀而筑舍隐居于黄杨山，取名"金台精舍"。走过大雄宝殿，面对东厢供奉的南宋三遗臣像，令人想起山门的清朝广西时任巡抚的邑人黄槐森刻联"金身永在，台镜常明"。

清晨五时，大钟敲响，在大雄宝殿里做早课的僧人肃然聆听，这激扬而悠

▲ 金台寺原址

远的钟声召唤着他们的执着和智慧。他们的诵经声像山间的溪水一样清晰和不断渗透，而不会在空气中弥散，也不会在时间深处结成蛛网。晨曦透过木雕的门扇，落在每个僧人的脸上，他们的表情平静谦和，波澜不惊。如果有人走进山门，他们就用目光和内心关注每一个人，并默默地将自己的韧性，融进平淡的山居岁月里。

此时，我就伫立在佛堂外面，聆听僧人们诵经。尽管我听不懂经文，但是，那30多名僧人浑朴悠扬的和声，仿佛知晓我的忧伤，于是用温柔宽厚的手掌，以一种不同寻常的情感力量，让我跨越那些语言的樊篱，给我一种漫长而悠缓的抚慰。

晨钟再度敲响的时刻，我和友人一同踏出山门。钟声悠远，仿佛一种反复的叮咛，浑厚的音色里略带一点沙哑，透露出它沧桑的身份。跨过门槛的时候，大地正按照它自身的节奏发生着变化。田野一片碧绿，我们的身影也很快消失在黄杨山蜿蜒的山路中。

凤凰山下怀古庵

那天下午，和友人一起，顺道拜谒凤凰山脚下的普陀寺，静心数个时辰。我们一起谈佛经、听道法、话写作、看芸芸众生。

一眼望去，整个普陀寺依山而建，气势雄伟。大理石堆砌数丈高的五进门牌坊巍峨庄严，旷达胸襟。"普陀悬慧日光照三千世界，禅寺凝慈云福荫百万人天。"正门的这副对联，描述了禅的本意和寺的价值取向。进入普陀寺不需要买门票，香烛、食宿免费。我们在青石板铺就的广场行走、观望、沉思，想从烦闷的现实中挣脱出来。我们靠在殿前的栏杆上，近观眼前稀疏走动的人群，遥望四周阳光普照的青山，想着各自的心事，一言不发。

普陀寺坐落于凤凰山麓，依山势而建，仿古建筑艺术精湛。它外表恢宏，但绝不嚣张。白墙黛瓦、飞檐翘角，深红色的山门，精美壮观的大雄宝殿、普光明殿、三圣宝殿、五时宝殿和六层高的僧房，以及钟鼓楼、祖师堂、五观堂、三学堂、尊客堂、功德堂，配以那些烫金的名字，一排排、一栋栋，秩序井然。钟楼悬挂着重达7000斤的"铜钟大吕"独自守望着无涯的天空，叩之其声轰鸣，余音绵绵。普陀寺有着历史的传承，有着通向人间的门扉，前身为怀庵古寺，几经历史沧桑，仅存残垣断壁。据《香山县志》记载："清顺治初年（1644年）有参将马雄飞登临凤凰山，见山高林密，风景清幽，遂发心捐建一禅院供奉观音大士。"2000年，珠海开山建寺，如今建成了集朝圣禅修、慈善教育、弘法修持为一体的十方丛林。

在青石板铺就的广场徘徊，宏伟庄严的气氛让我平静。沿着19级台阶，走入普陀寺的正门，牌坊下的四只石狮傲然挺胸，威武雄壮，它告诉人们此处"法地庄严"，不容亵渎。而背面的"圆光普照"牌坊下，则是四肢跪地的四只大象，面对普陀寺的大门，像是悟道《圆觉经》，恭敬谦逊。门楼上的众多人物雕像线条舒展，仪态万方。我又望向观音端坐的莲池，她的坐骑龙龟在浪花的簇拥下飘逸而来。观音手托圣水洒向人间，似乎在救赎苦海无边的信众。我对殿前左右两边分别是两尊石狮和大象的雕塑感到疑惑，为什么它们昂首挺胸，而不是低头俯卧的姿态？我独自走向殿前右边那棵高大的菩提树下荫凉处，凡心洗净，但树上的鸟儿叽喳不停。

休息片刻，继续拾级而上，很快走入普光明殿的广场。此时，我看到一个戴着眼镜的中年男性，像是来不及放下行李的游客，拖着一个拉杆箱，边看牌坊上的对联边往上走，心有虔诚，不知疲倦。

寺院幽静，几棵菩提树的叶子在风中晃动着，禅味十足，尽显岁月的清寂。

有时，院落传来梵音声声，还有信众烧香缭绕。我是一个旁观者，这人间烟韵缥缈的节奏，让我心静如水，又思绪辽远。只有呼吸过两种空气的人，才会懂得它们的迥异。曾经读过梁实秋的《雅舍小品》，卜居在广济寺的朋友萧丽跟他讲，一天晚上他独自踱出僧房，站在大雄宝殿的石阶上，翘首四望，忽然有所顿悟，悟到自我的渺小，悟到四大皆空的境界。

我没有那么高的境界。正在禅悟的时候，忽然有诵经声音由远而近地传来，大悲咒空灵缥缈，余音绕梁。放眼望去，20多位黄袍袈裟的僧人步态轻盈，沿着青石板向大殿走去。他们要做功课了，排班上殿，修持大悲法门。

众人自动散开，让出一条路来。有人注目，有人举起手机，一位工作人员提醒不能拍摄，大家就静静地注视着僧人们鱼贯而入，走向庄严的殿堂。殿上的一尊大佛，24K金箔贴面，金光灿烂，庄严辉煌。佛前站着穿戴整齐的僧人，他们动作细腻，表情严肃。随着领诵人自顾自地念起来，众僧附和，表情专注。

我就站在佛堂外面，聆听僧人们的琅琅诵经声。从佛堂里飘出来的诵经声仿佛来自遥远的年代，有种神秘的魅力，抚慰着我的心灵。当思维的力量得以凸显的时候，我感到我的胸襟逐渐豁达起来，开始思索生命的真谛。心底有一个声音告诉我，人不能够沉沦下去，而应当积极面对生活。

　　我的思绪被身边一个高大的男人惊醒。他文着手臂，又是鞠躬又是作揖，口中念念有词，像是忏悔，又像是许愿。我无法猜测别人的心思，但我的灵魂像是被淘洗了一回。

　　脱去迷茫的外壳，在寺院的青石板上行走，我的步态轻盈了许多。我没有那些朝拜者的精神和毅力，也没有满心欢喜和壮语豪情。我只是希望自己的内心变得敦厚和辽阔，并以平静的心态面对这茫茫人世，不至于在与时间的较量中仓皇逃遁。

　　太阳西下的时候，我和友人踏上返程的道路，如同僧人做完功课返回僧房。我的心情舒展而沉静。眼前是一片霞光，我似乎听见鸟儿归巢的声音。我和友人对视一眼，带着一颗干净的心，轻松下山。

容闳故居

说起晚清，我总气不打一处来，腐败无能、丧权辱国、割地赔款，甲午海战的战舰灰飞烟灭，庚子之年的八国联军侵华……皆是永世之恨。而曾国藩、李鸿章镇压太平天国运动与捻军起义，李鸿章签订不平等的《马关条约》《辛丑条约》，更是让人口诛笔伐。然而，大清，今天让我为你鼓一次掌！因为你开启了幼童留美的先河。

癸卯年初冬，我去了南屏镇容闳故居，参观了甄贤学校。在那里，我看见了一堵墙、一幅画，这两个物件所生发出来的历史故事，一下子变成时代弄潮儿的身影，铭刻在我的脑海，激荡着我的心灵。

南屏镇西大街三巷1号，是一处普通的经过修复后的岭南民居院落。由两前廊、天井、大厅、东西边两长屋、后斗（厮房）等组成。硬山顶，坡屋面，青砖墙，砖木混合结构。其中残留的一堵斑驳的泥砖墙，尽显风雨浸蚀和岁月沧桑。如果不是入门处墙壁上的牌匾显示，可能想象不到这里竟是广东省文物保护单位，1828年11月17日，中国留学生之父容闳诞生于此。

1828年，康乾盛世的繁华没有延续，却像秋天的树叶慢慢飘落。深秋的某个时辰，广东香山县南屏村的容家，诞生了家里的第三个孩子。

南屏村跟当时已租给葡萄牙的澳门只隔一条半英里宽的浅海，澳门的传教士与村里的乡亲多有交集。而传教士的家庭总管恰好是容家的朋友和邻居，因机缘巧合，容家7岁的老三容闳，于1835年被在澳门做过工的父亲带到了澳门，成了中国第一个正式就读西方学校——马礼逊教会学校的学生。

1846年，未满18岁的容闳面临一次命运的抉择，他的老师布朗因为其夫人的身体原因决定返回美国。离开前布朗先生对全班同学说，他可以带几个学生和他一起去美国，并帮助他们在美国完成学业。"如果有人愿意，请站起来！"台下一片死寂，漂洋过海上百天的航行以及远离故土的未知让大多数少年不知所措，尽管他们受的是西式教育，也相信布朗先生是个大好人。

沉寂一阵后，容闳第一个站了起来。这看似轻巧唐突的举动，却成就了中国近代史上的一段传奇，翻开了中国教育的独特篇章。

1847年1月4日，广州黄埔港一艘名为"亨特里斯号"的运茶船搭载着容闳等人徐徐离港。没有人知道，在茫茫大海上，这个18岁的中国男孩在想什么。然而，三个多月的旅途，一定唤醒了男孩去看大世界的全部渴望。

辛苦旅程的终点，是那时还只有不到30万人口的纽约。最后到了纽黑文，在那里，容闳见到了耶鲁的时任校长。那时，美国还没有真正意义上的高级中学，三个中国少年被送到了马萨诸塞州的孟松学校。孟松学校始建于1804年，是当时美国少有的几所大学预备学校。当时的校长查尔斯·哈蒙德也是耶鲁校友，容闳描述他是"有纯粹品格和经验丰富的人"，"对中国充满兴趣，希望我们能学有所成"。孟松学校让容闳第一次体会了"耶鲁精神"。

1850年，容闳被耶鲁大学录取，这也是刚被鸦片战争卷入近代史的东方保守帝国与西方世界发生的一次重要联系。在那个"天朝"旧梦未醒、视科举为入仕途之唯一通道的时代，在西洋学校就读并非令人羡慕之事，且留学对中国人来说是遥远而费钱的事。《容闳自传：我在中国和美国的生活》中记录："若只是自筹经费，我们永远不可能去美国完成学业，因为我们都很穷……通过布朗先生的努力，我们不单经费不愁，两年内父母每个月还可领一笔费用。我依然记得他们之中一些人的名字：安德鲁·萧德锐是香港《中国日报》的编辑，一个英格兰老单身汉，高贵英俊；A.A.里奇是美国商人；还有A.A.坎贝尔，是苏格兰人。还有一些我们不认识的人……"

容闳是中国第一个以优异成绩毕业于美国耶鲁大学的学生。和他同去的另外二人，一个因病回国，一个遵从教会旨意转学英国。今天，在耶鲁名人榜上，容闳和乔治·布什、克林顿等一起支撑着这所世界名校的荣誉。

1855年，容闳回国。他脱下西装，换上长袍，甚至戴上假辫子，成了中国最早的"海龟"。他会面太平天国的洪仁玕，提出"治国七策"，又拒绝洪秀全的赐封离开；他来到上海，加入曾国藩为首的洋务运动，赴美采购先进武器，促成中国第一家大型武器机械制造厂"江南制造总局"在上海建立；他参与组建华商轮船公司，并先后在广州、香港等地任职。闲暇时，他常去做翻译，自嘲"这一自由副业赚不了什么钱"。

此时，内忧外患的清王朝已是千疮百孔，沉疴难治，学习西方成为有识之士的共识。这时的容闳，心中的"教育计划"也已成形。他更大的抱负是呼吁国人接受系统西方教育，让祖国变得更加强大。在他的多次建言下，曾国藩同意就幼童留洋计划上书朝廷。

那么，曾国藩为什么要同意并上书朝廷派出留美幼童呢？

清末，因为战争，很多聪明的科举大臣开始思考东西落差的原因。这其中曾国藩作为最有见识的朝廷砥柱之一，对西方的人文制度、科学技术有了透彻的了解。他意识到"师夷长技以制夷"是正确的方针，但制度要变革，国家要强大，人才何来？西学东渐，非得培养不可。

同治十年（1871年）8月19日，曾国藩、李鸿章联衔会奏《拟选子第出洋学艺折》，提笔给慈禧太后写下奏折。其愿望是："我们派出大批的留学人员，虽然未必全都成才，而数量巨大，必然有瑰伟之才出于其中。此拔十得五之说也，有一半能够实用济世，国家就很有希望了……"

1871年9月9日，慈禧太后批准曾国藩、李鸿章的幼童留洋奏折，并由总理衙门总管，两江总督曾国藩主管。为凑足第一批留美幼童30人名额，容闳在上海设立预科学校招生。起初，他们以为这事儿很容易："学生年龄，定为12岁以上，15岁以下，须身家清白，有殷实保证，体质经医生检验，方为合格。"可在当时，但凡有点钞票的人家，怎么可能舍得把孩子送到国外去读书呢？正如当年《申报》总结说，国人不愿送自家子弟出国留学，还有几种疑虑：一出门就是15年，这时间太长了；身居海外，恐怕水土不宜；到外国学洋人的学问，能学得好吗？因此，预科学校设立一年有余，愿意留美的幼童没来几个，容闳大急，"乃亲赴香港，于英政府所设学校中，遴选少年聪颖而于中西文略有根底者数人，以足其数"。中国近代化的进程，就这么开启了序幕。

为选拔聪颖子弟出洋，清廷开出了优厚的条件，不仅在美学习15年的费用全免，归国后还将获授顶戴翎羽。但是，出洋幼童必须有推荐担保之人，还须签订生死甘结。朝廷为此事专门在上海成立了"幼童出洋肄业局沪局"，由唐廷枢、徐润等人协助招募出洋幼童。可首批前来报名者寥寥无几，容闳只好把目光放在东南沿海。后来，在清廷选派的120名幼童中，大多出自开放较早的沿海一带，仅广东就有83名，早年香山一县39名，属于今天珠海的24名。

1871年，容闳43岁时，捐资五百两白银，在故里南屏建起中国内地最早的西式学校——甄贤社学（甄贤学校的前身），旨在教育子弟，造就人才，以备他日国家之用，成为文化种子赖以生存并茁壮成长的优良土壤。

1872年9月12日，首批留美幼童乘船抵达美国旧金山。《纽约时报》如此报道《清国留学生抵达旧金山》："9月13日电：昨天到达这里的30名清国学生都非常年轻。他们都是很勤奋和优秀的小姐（因有辫子而让美记者误会）和绅士，容貌俊秀，要比任何在这之前曾到美访问过的清国人好看得多。"随后，他们又乘坐火车开启了从西部旧金山到东部斯普林菲尔德的横跨美国大陆的行程。

幼童初到美国，一身中式打扮，瓜皮帽、小马褂、绸缎裙子、黑布鞋，脑袋后拖着一根油光发亮的小辫子，美国人见后十分好奇。一些淘气的小孩子经常跟在他们后面高喊："中国女孩子！"幼童一听极其愤怒。尤其是在学校上体育课，打篮球、踢足球时，脑后那条讨厌的辫子，实在碍事。因此，幼童纷纷要求换上美式休闲装，剪掉辫子。由于剪辫子是反清的象征，他们遭到负责幼童事务的清廷官员严厉训斥。但是，时间一长，幼童都换上了美式装，见到清朝官员时再改装。但若被留学生监督识破，常被杖责，甚至有更严厉的处罚，直至开除。这些问题让清廷官员和留美幼童都很头痛。

这种既充满希冀又具有困惑的矛盾，反映在容闳故居墙上的那幅《换装》油画上。留美幼童研究会秘书长杨毅说："那是广州画院画家方瑞的作品，画的地点是旧金山凯撒皇宫酒店。从画面来看，有三方面值得重点注意：一是两位女教师正在给孩子们换衣服，孩子们东张西望甚是好奇，旁边站着的容闳若有所思。二是画面的背景是海里行驶的游轮和岸边的高楼大厦，充满了西方现代气息。三是桌子上放着的地球仪，寓意着要有世界的眼光和新的思想，打开国门，迎接挑战。"这幅作品的情景不一定是真实写照，但是反映了那个时期人们的心境和向往。

1880年，吴子登出任肄业局监督。幼童们在美国剪辫子、信基督、谈恋

▲ 容闳故居墙上的《换装》油画

爱、打棒球等种种表现，使吴子登深感不安。他认为孩子们摒弃了中华传统，异化为美国人，于是多番上奏清廷，请求裁撤肄业局。加之美国掀起的排华运动越演越烈，李鸿章在争斗中决定撤局。刚好在这一年，鉴于容闳在中美文化教育交往中的不朽贡献，耶鲁大学授予容闳名誉法学博士学位。

1881年夏，幼童们中断了在美国的学业，分三批先后黯然回国，容闳的留美教育计划就此夭折。其时，幼童中只有詹天佑、欧阳庚2人大学毕业；有52人读了大学，有30多人正在准备进入大学，有30多人尚在中学。

幼童留美，一方面使这些幼童到新大陆接受美式教育，为中国文化注入了新元素，渐渐生长出具有强大生命力的新质；另一方面，却强迫幼童固守清朝的文化传统，忠君亲上，回归原路。这是自相矛盾的双重文化效应，其缺点不可避免地暴露出来。

然而，留美幼童运动对中国历史的影响是深远的。它不仅为国人带来变革的思想，更是培养了一大批铁路、电报、轮船、矿业等各个方面的杰出人才，包括中国铁路之父詹天佑、首任民国总理唐绍仪、清华学校（清华大学前身）首任校长唐国安、北洋大学校长蔡绍基、海军将领蔡廷干，以及在甲午海战中阵亡的陈金揆、沈寿昌、黄祖莲，在中法海战中牺牲的杨兆楠、黄季良、薛有福等青年俊杰，他们都是愿意学成归来报效祖国的英雄。

1894年7月25日，甲午战争爆发，容闳通过驻美公使杨儒与湖广总督张之洞密切电报联系，提出多条抗击日本的策略，老友蔡锡勇、留美幼童梁敦彦均为张之洞幕僚。张之洞采纳其中向英国借款购舰抄袭日本的策略；受张之洞委托，容闳前往英国与伦敦银行财团商谈借款之事。借款事宜最后因清廷意见不一而落空。

1912年，84岁的容闳在美国病逝。这个剪掉了辫子，穿着洋服的中国人，这个"为中国改革而死，死得其所"的革新斗士，这个自始至终为祖国奔走的人，却埋骨在异国他乡。

文化就是一粒寻找土壤的饱满种子。容闳把"西学东渐"的种子播在自己的故乡，于是清末民初的香山在中国引领风骚；他把种子播在岭南和珠三角，冥冥中联结了中国改革开放的前沿阵地，勾勒出粤港澳大崛起的辉煌灿烂前景。

如今，在唐家湾山房路，通过活化利用唐家古旧宅院建起了一座珠海留学文化馆，以中西合璧的建筑风格再现广东香山近代文化的风华。正如珠海市委宣传部原副部长、珠海留学文化馆荣誉馆长徐惠萍所说："百年留学事业，珠海人功勋卓著，他们是敢为人先的开拓者，更是继往开来的推动者。在'中国留学生之父'容闳的故乡建设珠海留学文化馆，是文化的传承，更是历史的担当。本馆以珠海留学人为主体，讲述中国留学故事，旨在传承、弘扬中国留学文化，使之成为汇聚和沟通中国乃至世界留学生的载体。"

徐惠萍在《索我理想之中华——中国留学生之父容闳图传》中写道："一个人影响一群人。一群人影响一代人，继而影响一个国家的近代化进程。容闳就是这样一个传奇先贤。"

梅溪牌坊

梅溪牌坊不单指一座牌坊，包含牌坊广场、陈芳故居和陈家花园，它是一座巨大的私家花园，也是前山梅溪村的一个景区。

大门的造型，犹如一座青砖构建的长城烽火台，出入口拱门上的"威镇四海"四个字刚劲有力。景区大门口挂出来的横幅"给我两小时，还你珠海二百年"这句话，充满自信，说明它是珠海最有历史故事的景点之一，是花园的一个范本，几乎具有了作为私家花园的一切品质。宅院、祠堂、古庙、戏台、碉楼、书院、园林、景观、营地、院墙、牌坊群，一应俱全。它是清朝遗留下来的人文景观，像一部"活"历史，向世人讲述着老珠海的世事沧桑。

陈氏庄园都是开放式的，走进园区，几十棵高大笔直的棕榈树映入眼帘，令人不禁感慨它们的品质和气韵。慢慢步入一条水泥和石板组合的道路，在高大树木的掩映下，水泥路面光影斑驳、青苔乍现，石板路面留下了岁月打磨过的痕迹，石缝里还长出不知名的小草。沿着这条阴湿而古朴的道路眼观六路，我通过钉在青砖墙上的铭牌得知，左边原是空无一物的草地，后来从他方搬来了清朝不同年代夏美村的杨氏府第、白石村的吴宅、南村的康帅府等石头门拱和砖墙，进行展示。

"天下李，广东陈。"这句话形容李姓是中国人数最多的姓氏，而广东最多的则是陈姓。据《史记·陈杞世家》记载，陈姓至今已有4000多年的历史。周朝武王封舜的后裔胡公满于陈国，该氏族就以国号"陈"为姓，并在河南颍川不断生息发展。经过千年的历史演变，陈氏的分支传至广东，并不断繁衍壮大开枝散叶，发展成为广东最大的姓氏。

将注意力转回梅溪牌坊本身，它昂首挺胸迎接我们的到来，并保持着100多年不变的沉稳与矜持。走入梅溪牌坊，仿佛踏入前尘往事。那些已被磨光的青石板路、坚硬的石基、威严的廊柱、交错的斗拱，以及沾着清代灰尘的泥砖，都在述说着那个朝代可能发生的故事。

梅溪牌坊建于清代光绪十二年（1886年）至十七年（1891年），是光绪皇帝为表彰清朝驻夏威夷第一任领事陈芳及其父母等人为家乡多做善举而赐建的。梅溪牌坊原是三间三牌坊，三座牌楼呈"一"字排列，中间为八柱"急公好义"牌坊，左右两边为四柱，现只存右边的"乐善好施"牌坊了，左边牌楼在"文革"中被毁。而据载，这座被毁的牌坊应与"乐善好施"牌坊外形类似。梅溪牌坊以花岗岩石建造，采用榫卯式结构，坊身雕刻着精美的瑞兽、花果、人物、书法和八仙图案，呈中西合璧的装饰艺术风格。它与陈芳故居、宗祠、古庙、凉亭、西洋式花园墓地，以及槟榔树、小桥流水等自然景色交相辉

▲ 梅溪牌坊

映。2006年梅溪牌坊与陈芳家宅一起被列为全国重点文物保护单位。

要了解梅溪牌坊，得先认识陈芳其人。陈芳，字国芬，珠海梅溪村人，生于1825年，第一次鸦片战争后，离家到洋人聚集的香港、澳门等地经营谋生。有了些经验后，1849年，24岁的陈芳随伯父到檀香山经商。他从商店的学徒开始，慢慢积累资本后，自立门户，经营甘蔗种植和制糖业，成为华侨第一位百万富翁，被誉为"商界王子"。1857年，陈芳娶夏威夷国王义妹朱丽亚为妻，还被选举担任夏威夷国会议员。1881年，他被清政府光绪皇帝钦命为中国驻夏威夷第一任领事，官居二品，顶戴珊瑚。1890年，陈芳落叶归根，返回故乡梅溪村，晚年热心于家乡公益事业。1906年，陈芳病逝于澳门，葬于故乡梅溪村。

这座有所残缺但气势恢宏的梅溪牌坊，从刻字、雕花到结构，没有一个细节不展示出陈芳的精神气质。

梅溪牌坊像一个取景器，透过这简易花岗石牌坊向里看，陈家的故园里，墙壁有些斑驳，瓦楞有些脱落，门板有些古旧，但这些都无损它的价值。陈芳故居建于1891—1896年，包括一座陈公祠、三座大屋、一座洋楼和一座花厅，建筑面积2495平方米，占地面积5742平方米。整座建筑雕梁画栋，结合了西方文化的元素，又突出岭南传统风格，展现了古朴典雅的侨乡风情。它是1938年广东省财政厅"断卖契纸"于陈家的产业，是珠海历史的标本之一。

因为那些复杂的榫卯结构和精美的雕塑，我总是对古建筑感到好奇。从这些清朝遗留下来的石头和砖墙，我们依稀还能感受到100多年前这个家族的辉煌和荣耀。

陈氏家族庄园，每座屋宇都用麻石砌成墙基、石阶拱门，四壁圆拱形门窗饰有各种灰雕、砖雕的花纹图案，做工精细，屋内雕梁画栋，美轮美奂，其中尤以花厅最具特色。陈芳故居周围筑有砖墙，东西两角设置哨楼，门前、屋巷铺设石板、砖地，种有芒果、菠萝蜜、九里香等，白玉兰都有130年的历史了。

珠海人杰地灵，古往今来，涌现出众多闻名中外的英才。陈公祠是陈芳为其父陈仁昌建造的私家祠堂，现辟为珠海名人蜡像馆，汇集了众多历史名人的蜡像，增加了景区的文化内涵：中华民国第一位内阁总理唐绍仪，清朝政府驻檀香山首任总领事陈芳，华南地区第一位系统传播马克思主义者杨匏安，中华全国总工会第一任委员长林伟民，省港大罢工领导人苏兆征，清华大学第一任校长唐国安，我国第一位世乒赛男单冠军容国团，我国第一位在美国取得博士学位的留学生容闳，画家、诗人、文学家苏曼殊，著名的人民版画家古元，中国近代著名实业家唐廷枢，等等。许多近现代名人就出生在这片土地上。

陈氏大宗祠，是当年梅溪村陈氏家族供奉祖先的地方，现辟为中国牌匾、碑刻精品展览馆。"璧水文澜""成均重望""自我不见""天朝英俊""豁达大度""文魁""翰林"之类，展示不同年代、不同地方的牌匾、碑刻过百枚。底色有金色、棕色、黑色，有的边框还刻有一定的花纹。在每枚牌匾下方都有注释，说明出处及原因，其功能是彰显或褒扬功臣名将、金榜题名、贞女节妇等。自秦汉迄明清乃至近代，牌匾在文化古城、宫阙王府、名人宅邸、关隘城堡、园林名胜、坛观寺庙，以及书斋画廊等地方悬挂，这种独特的文化艺术形式，在中国一直继承和发扬。

正是这间陈氏大宗祠，还留存有革命足迹。1944年，中山县民主建政筹建处派甘伟光、王河到东坑，与杨维学一道负责筹建凤凰山区政务委员会，办公地点就设在梅溪陈氏大宗祠。凤凰山抗日民主政权筹建处成立后，深入基层组织工作，放手发动群众，使凤凰山区敌后抗日根据地成为珠江三角洲敌后抗日斗争的屏障。这座建筑见证了珠海的历史变迁。

我继续前行，来到梅溪大庙。有趣的是，在梅溪大庙里还布置了中国牌坊精品展，展示全国各地的精品牌坊八座，包括牌坊的款式、结构、功能，以及牌坊的起源和文化价值。当我意犹未尽地欣赏每座牌坊的结构和功能时，听到了屋外朱漆大门的闭合声，才意识到已是晚上七时，整个陈氏故居只留下我一名游客。当管理人员知道我的来意后，不仅没有催促，而是让我慢慢观看，他可以再等。或许是因为感激，或许是因为抱歉，我没有再待下去的理由。

整个陈氏庄园沉入暮色，该是掌灯时分了。不过，在露天的梅溪营地，眼前却是迎来了另一番景象。灯火阑珊，在几个巨大的帐篷下，一群年轻人正在烧烤、喝酒、唱歌、跳舞，尽情挥洒他们的青春和活力。我好想加入，但似乎又格格不入，我仍饿着肚子，只好遗憾地离开。

鹅岭共乐园

共乐园中岁月长,中山山水任徜徉。只缘一念怜精鸟,重入是非旧梦乡。

——唐绍仪

鹅岭共乐园这个简短的名字,已经体现了这些信息:人文、环境和气质。这几个文字符号将它的作用最大限度地发挥了出来,像一条心灵的路,通向那个似曾相识,又觉陌生的私家花园。自1910年建园以来,它经历过时间的磨砺、雨水的侵蚀、海风的撞击、人文的洗礼。这座园子,没有浅薄的吟唱,只有世事纷乱的见证,凝重悲凉的沧桑,它是唐绍仪一生中最柔软的记忆。

共乐园原名叫"小玲珑山馆"。园内有九曲桥、观星阁、翠耸亭、史料馆、信鸽塔等景点;种植有罗汉松、美人树、倒吊笔、龙血树、朴树、榕树等树种。20世纪二三十年代,唐绍仪与汪精卫、孙科、梅兰芳、胡汉民、埃德加·斯诺等政治人物和文化名流同游共乐园,这应是那个时代的一大盛事。他还在这里会见孙中山的原配夫人卢慕贞,也与第四任夫人吴维翘及其孩子们在园中留下许多浪漫的足迹。这座占地3.4万平方米的私家花园,不仅是唐绍仪的会客厅,也是他与家人共话亲情的世外桃源。

总理也好,重臣也罢;财富也好,名誉也罢。繁花似锦的背后,对于长期深陷政治修罗场的唐绍仪而言,共乐园无疑是他理想中的乌托邦,是灵魂栖息的休闲地。

唐绍仪生于1862年1月2日,字少川,广东广州府香山县(今珠海唐家湾)

人，自幼到上海读书，是清末民初著名的政治家、外交家。同治十三年（1874年），唐绍仪作为第三批幼童赴美留学，进入哥伦比亚大学学习，光绪七年（1881年）学成归国。历任驻朝鲜汉城领事、驻朝鲜总领事、全国铁路总公司督办、税务处会办大臣、邮传部左侍郎等。1904年他作为钦差议约全权大臣出使印度，与英国交涉谈判关于西藏的问题，使"英国国家允不占并藏境，及不干涉西藏一切政治"。清末，他作为北方代表与南方代表伍廷芳举行南北议和。民国时，唐绍仪出任第一任内阁总理。他还担任过北洋大学堂（天津大学前身）监督、山东大学堂（山东大学前身）总办、复旦大学董事会主席等职。上海沦陷后，唐绍仪于1938年9月30日在家中遇刺，时年76岁。这位晚清一品大员、民国首任总理、翻云覆雨的一代名臣终以悲剧谢世。

1921年，唐绍仪积极响应孙中山先生"与众乐乐"的倡议，将"小玲珑山馆"进行扩张，更名为"共乐园"，赠予唐家湾的乡亲，寓意与民同乐。关于唐绍仪传奇的生平事，在史料馆内的图文资料中有详细的记载，那些珍贵的图片和文物，仿若一条历史的河流，引领着我们穿梭于时空的隧道中。

1930年秋，《西行漫记》（又译《红星照耀中国》）作者、美国著名记者埃德加·斯诺从澳门前来唐家湾拜访唐绍仪，他们在共乐园的树荫下，一边呷着茉莉花茶，一边海阔天空地神侃，从清代的瓷瓶、唐代的诗人，一直谈到雪佛兰汽车和《凯洛格公约》。斯诺对共乐园的风景大为赞赏。他在《华南的唐家湾》里用隽永的文字向世人推介这个美丽迷人的地方："头上的天是湛蓝的，没有一丝云彩，透明的空气中，太阳下的群山直插地平线上，超然挺立，充满遥远的梦幻之美……"

或许人们知道斯诺采访过毛泽东、周恩来、贺龙、朱德等人，也知道他到过北京、南京、杭州、天津、沈阳、哈尔滨等城市，到过印度、日本、朝鲜、印尼、苏联等国家，还知道他爬过泰山，游过西湖，去过孔庙。他还采访过中国末代皇帝溥仪，跟尼赫鲁和甘地一起吃饭，跟罗斯福谈论亚洲事务。就这么一个周游世界的年轻人，有谁会想到在他25岁的时候，竟然到共乐园与唐绍仪品茗叙旧、谈诗赏景呢！

在斯诺看来，共乐园的迷人，不仅因为芳草鲜美，更在于唐绍仪的儒雅风度和与民同乐："村里的人似乎爱戴唐绍仪，唐无疑也爱他的村子。不久以前，他把建在山上的花园作为向公众开放的公园……在绿荫深处的隐居地，你会发现唐绍仪在读孔子的论语，或托尔斯泰著作的英文版。"

相隔100年，我也在一个暴雨突至的午后，去了共乐园。我漫步在这别样的园林中，触摸着这里的一草一木，一石一景，顿时感觉历史原来离我如此亲近，仿佛那些缥缈的时光就在身边缓缓流过。

共乐园依山傍水，亭榭相映，朴树苍虬，植被葳蕤，只见苔痕遍布，石阶草色映入眼帘。我沿着蜿蜒的山路从北门缓缓走过，穿过拔节的竹林，循着前人走过的足迹，在横架于莲池之上的九曲桥中，顺着五月的林荫小路，在荔枝掩映和凤凰花火红的绚烂里，穿行在现实与历史之间。清风徐来，冗长的脚步声，宛如叩响了历史的大门，那些了解的或未知的往事，如同这清凉的风迎面向我扑来。行走在漫山遍野的苍翠里，山前的莲池正好映着唐家村的斜阳，光洁的柠檬桉正在讲述着远去的故事。

迎着满眼的苍翠和野花，我亦步亦趋拾阶而上，身体穿行在紫藤树下、草石亭中，不禁好奇，蝉鸣的仲夏，这里又是怎样的一种光景呢？1930年8月20日胡根天的《中山港名胜漫谈》给出了答案："……进了园门，要是在春夏两季，一眼便看见几株舞女般艳丽的牛角枥向我们迎着。这是一种罕见的奇花：绿叶之间，特别是三片紫红色的薄叶包托住三根花蕊一般的小花，每朵都是这样，骤看都以为那紫红色的薄叶就是花瓣。这种花，园里面还栽着不少，我想园主人也许有点深爱。园径是颇为曲折的，两旁栽着各种的花果。尤其是荔枝和桃子到处栽着，五六月之间，果实成熟了，一路上彷佛看见一点一点的绛唇，不客气地望着我们干燥而有点酸软的舌尖儿开玩笑。"

真正的奇迹是观星阁，它是共乐园的特色建筑，是唐绍仪的私人天文台，可以用六分仪观察天体。这座被古树簇拥的二层小楼，融合了中西建筑的独特风格，在仲夏的绿意中，越发显得清幽和古朴，有一种惊心动魄的美。顺着优美的弧形阶梯蜿蜒而上，抚摸着这一砖一瓦，一窗一楼，别致的小楼既体现了中国古典园林的韵味，又展现了现代西式建筑的浪漫。伫立于楼顶凝望天空，阳光正穿过朴树的叶隙，像星星一样在眼眸中闪耀。我不禁遥想，就在100年前的夜晚，那些政治精英和文化名流们频频举杯，以深远的目光仰望星辰，谈吐展现出他们的学识和素养。而今天的我，只能在他们驻足过的地方，俯下身子，透过六角形的回音壁，静静地凝听历史的回响。

走过青石板，我没有看到高大的倒吊笔树结着像笔一样的果实，却在唐绍仪素日下棋品茗的"盘石飞榕"树下，仰望一树酷似风车茉莉一样别致的小花，它们和低矮的翠竹一起，簇拥着青砖黛瓦的名人堂。作为近代文明的第一湾，唐家湾是一个人杰地灵、名人荟萃的地方，那些实业巨子、商海奇才、著名侨领、革命先驱、学界泰斗等，都在名人堂里留下了深深的印痕——清朝水师将领钟宝、革命家苏兆征、清华大学创始人唐国安、著名农学家唐有恒、孙中山原配夫人卢慕贞等知名人士，都是唐家湾璀璨人文历史中熠熠生辉的明珠。

"开门任便来宾客，看竹何须问主人。"走进唐绍仪史料馆，便可看到这副唐绍仪手书的对联。这里本是唐绍仪的田园别墅，准备接待老朋友美国第三十一任总统胡佛而建。胡佛与园子的主人是同学、同事，曾在中国开滦煤矿担任采石工程师。史料馆通过"岁月玲珑""家世百年""故园旧影""共乐寻踪"等章节脉络，追寻唐绍仪从学生到精英的点点滴滴。通过馆内的图文资料，人们能够了解唐绍仪斑斓传奇的一生。

唐绍仪向往"采菊东篱下，悠然见南山"的田园生活，他追求自由、平等的思想和无我的境界。但他始终躲不开世事的烽烟。他留给后人的是他对共和思想的坚守和与民同乐的豁达。

亭子寓意正直、坦荡秀丽。在共乐园，亭子尤多。如翠耸亭、草石亭、乐山亭、瞻远亭、憩宾亭……漫步走向百步梯石板路，便到达鹅岭山的最高峰——相思亭。相思亭虽不如憩宾亭华丽、翠耸亭雍雅，也不如瞻远亭寓意深远，但因其伫立于山顶，亭旁又有相思树伴随，留下令人遐想的美名。往上行走，百步梯空空荡荡，据说是唐绍仪锻炼身体的地方，刚好100级台阶，后来在一次大暴雨中部分坍塌。

"卉木繁荣，和风清穆。"共乐园内树木葱茏，古树繁多。有建园时唐绍仪亲手种下的罗汉松，有京剧大师梅兰芳栽种的美人树（柠檬桉），有孙中山在1921年赠予他的日本黑松，还有法国的桃心木、菲律宾的洋蒲桃、马来西亚的洋紫荆和素心兰等。这里百年以上的古树比比皆是，与这些有着深远意义的植物擦肩而过，我心里有诸多说不出的感慨。当自然赋予它们生命的同时，在它们的年轮里，同样刻录着一段不朽的历史和铁血柔情的浪漫故事。

"百年树木，十年树人。知者乐水，仁者乐山。"走出共乐园，恍如隔世。我站在公园门口，再次回望共乐园石牌坊上这副当年汪精卫题写的楹联，心中不禁感慨万千。这副楹联，宛如历史的见证者，静静地诉说着百年来岁月的沧桑。又宛如一位智者，用深邃的目光注视着这个世界的变幻，用沉默的语言传递着智慧的光芒。

会同古村

在珠海，我们可以看到现代都市的繁华，也可以感受乡村僻远的静谧。比如地处凤凰山脉北部、坐落在梨冈山下的会同古村，青山环抱，古榕婆娑，它是历史和现实的临界点，也是经济社会关系交融的结合处。

会同古村有290年历史，村名源于纪念一位仁义者。据《香山县志续编》记载："莫与京，号会同。少读书知大义，其族与鲍、谭两姓同居园林小村，百有余年矣。与京爱梨冈山水之胜，雍正壬子（1732年）出资购得其地，胥三姓而迁之，负担版筑之费，有弗给者，与京罄其资助之。乡人感其高义，因以号

▲ 鸟瞰会同古村落

名村曰：会同。"

第一次去会同古村是2018年3月，那是去参加由珠海市作家协会、香港诗歌学会主办的"珠港澳诗歌朗诵会"，活动结束后的第二天，一众人七弯八拐进入会同的村道。沿着建于20世纪30年代的岐关公路切入，在浓荫庇护中来到当年乡绅捐建的缉庐亭。小路曲折蜿蜒，水泥路、石子路混杂其间，路两边村屋、果园、水田相间呈现，水明山青，树姿婀娜，古村落一片自然和谐的景象。

第二次去会同古村是2024年2月，从北京师范大学-香港浸会大学联合国际学院（二期）对面正门口的体育公园进入，小车就停在村口的广场上。走过不可移动文物青云桥，一块广东省人民政府于2021年3月颁发的"广东省历史文化街区"棕红色牌匾映入眼帘。旁边一前一后两棵高大浓密的木棉和樟树，发达的根系和皱巴巴的树皮，像悠长的时间伸出很多只手，留下它们各自的刻度。高出人头的地方，珠海市高新区管委会制作的标牌上写着"国家三级古树，166年"，登记时间是2022年3月。树下的石凳上有一对母女在闲聊，不远的草地上有结婚的女子扯着婚纱在拍照。时间这台穿梭机在这个古老的村庄上滑过，把过去和现在的历史纠缠在一起。

历史总是一往情深地记述家族的来路："19世纪中叶，清政府开放洋务后，会同村民纷纷赴港澳谋生。莫氏家族的莫仕扬从一名帮工做到香港太古洋行总买办。之后，其子莫藻泉、其孙莫干生为香港太古洋行担当买办共达六十余年之久。清同治至光绪年间，由当时海外富裕宗亲投资，全村在统一规划下重建。主要建筑包括两座碉楼、三座祠堂和四十多座民居。"清代经历过海外的思想观念、生活方式及建筑文化洗礼的开拓者，他们的先进理念落实到整个村落的规划格局上。

会同古村是历史遗迹较多的村落，原村落四周建有土墙，与"风起""云飞"南、北两座碉楼和南、北闸门构成全村的防御体系。每遇盗贼兵匪抢劫，村民击锣为号，放下闸门，迅速集中至碉楼躲避、栖身、抵御。碉楼是立体的画,描绘着会同古村的沟沟坎坎;碉楼是静止的书,抒写着会同古村往昔的峥嵘岁月。

而真正的故事,就发生在这两座碉楼之间的"三街八巷"中。

会同古村的核心结构俗称"三街八巷"。其"三街"为:村前沿原荷花塘由北向南的下横街,与下横街平行依山势渐高的中横街和上横街。"八巷"为八条东西向青石小巷,自下而上顺山势连接"三街"。"三街"主次分明,依交通量多寡而宽窄不同,下横街最宽,中横街、上横街渐次之。"三街八巷"互相垂直交错,构成方正规矩的棋盘式空间组织结构。村内清一色岭南特色民居,每家都是三角形屋顶的青砖黛瓦,建筑布局整齐,外形色调一致。其中五巷28号莫氏大宅,采用这种建筑的最高规格,可以想象出当初发达的莫家人丁兴旺、家族团聚的热闹生活场景。而六巷19号至25号,也是莫姓后人居住最集中的地方,充满了传统的生活气息。

所有的公共建筑都集中在村口的下横街,包括会同祠(阅潮书店)、调梅祠(屯影小馆)、莫氏大宗祠(会同村史馆)、北碉楼、南碉楼,是村民进行祭祀、集会、防御、庆典的公共场所。岭南建筑的风格独具魅力,特别是门廊、月台、屋脊上的石雕十分精美,雕刻了时光和岁月。其中莫氏大宗祠规模最大,用料奢华,青砖黛瓦,气势恢宏,历时180多年,是莫氏家族在兴礼仪、重教化年代的重要建筑。祠堂为三进夹两天井格局,厚重的木门已为游客打开,祠堂收藏了所有会同村历史的证据,成为历史的活化石。门口的四根方形石柱高大挺拔,门前的青石板不断延伸,直向下横街一字排开。而北碉楼"云飞"就在莫氏大宗祠的旁边,是下横街上的标志性建筑,混合着西洋钟楼特色和岭南碉楼风格,碉楼上依然留着许多枪眼,无言地表述着当年会同人的雄心和视野。位于碉楼中间位置的双面钟,经过百年洗礼,竟然还可以转动,记录着会同人的时间流转。

保存较好的古民居都集中在中横街,即四巷、五巷、六巷之间,大约二十幢。小巷只有两三米宽,顺着山势缓缓向上,相隔一个院落左右有两三级台阶相连。沿小巷两边是古民居一色一样起伏的山墙和院墙，墙上挂着的喇叭花、吊钟花、禾雀花，白色、紫色、红色，灿烂耀眼。阳光照亮瓦坡屋面，一条条笔直的瓦陇凸显出来，影子浓重地洒落在台阶地面上，远远看去，层层叠叠，与青砖墙混合出一种温暖的质感。

会同其他古民居，内部格局与莫氏大宅大同小异。无论哪种级别的住宅，都一律坐东向西，与整个村落的朝向一致，所有的院门也都只开在或南或北两个方向的小巷上，与村落规划契合得严丝合缝。

在会同古村的"三街八巷"中行走，都会看到一种人文景观。即便小巷宽不足五尺，但幽深、静谧的老院子更吸引人们驻足，咖啡馆、餐馆、茶座、民宿、书店、音乐集市都会在小巷深处与你相遇。避开"四季蚝情"的诱惑，走入四巷的老屋咖啡，情不自禁停下了脚步，整个旧院落成了锦屏藤垂吊的咖啡小院，屋里灯光柔和，架子上摆满手工陶瓷，屋外的阳光照射到庭院的水池里、砖墙上，仿佛一帘幽梦。喝完咖啡，走出庭院，慢步到六巷，品尝"泥煨鸡"的肉香皮脆、原汁原味，一片荷叶包着煨成金黄色，汁液流淌在砂锅里，满桌飘香。吃饱喝足后，去村口会同祠的"阅潮书店"续上一杯咖啡，感叹诗意人生。向店员问起最近卖得好的书，她说是一本经济学著作《置身事内》。除此之外，还可以去旁边的调梅祠电影小馆、会同村史馆感受会同历史的片羽吉光，以及到村前碧绿的荷花池塘边欣赏令人沉醉的美丽夕阳。

会同古村，以巧妙的建筑艺术和雕刻艺术称道，是中华民族在融入世界文明进程中生生不息的根脉，蕴含着独特的村落民俗风情、买办文化缩影和完整古建筑风貌的历史文化价值，是大陆文化与海洋文化兼容并存的活标本，留给后人许多深思和启示。

栖霞仙馆

我在会同村的巷子里行走,村子的轮廓逐渐清晰起来。

对于会同路1号"栖霞仙馆",我早已有所了解。

尽管我已经无法感受100年前的仙馆场景,目睹那时人们生活空间的内部,但我想那一定是朴素直率、清旷自然的,从建筑环境上完全可以想象得到。

我盯着门楣上的那四字横匾望了好久,字写得俊秀朴实,又倍显孤独。顾名思义,让"霞"的灵魂在此栖身安息,这里是一个有着传奇故事的所在。

当夕阳映照在斑驳的院墙上,足以让人感慨,仿佛从这面墙所在的幽深小巷看过去,就可以看清100多年前它的佛光倩影,它低声向人轻叙远去的年华:早晨的太阳照在院前的草坪上,露珠闪着细碎的银光。门楼顶上响起了打斋的钟声,拱廊上走动的尼姑们鱼贯入室、拂袖诵经。只有啖荔亭挽起了缀满鲜花的纱幔,等待受邀宾客的到来。

关于栖霞仙馆的建造原因,有一段传说。循着故事的起源,我脑海里不断翻起其中的历史片段,时而黑白,时而彩色,那些泛黄的墙面、空洞的窗棂,以及尼姑们诵经拜佛,木鱼磬声阵阵梵响,纷纷在我脑中浮现……

香港太古洋行买办华人莫仕扬(会同村人)的嫡孙莫咏虞,早年在香港皇仁书院学习,经其二叔父莫藻泉引荐任太古洋行船务处华人大班(经理),后来开办了"益安""同安"两个轮船公司。其原配夫人郑玉霞(小名阿霞)祖籍中山,其父早年留洋娶了一名日本女子为妻,阿霞就成了从小在日本接受教育的中日混血儿,后嫁给莫咏虞为妻。她原生活居住在香港,因无法忍受莫咏虞所娶六房妻妾之间的争风吃醋,看破红尘,只身回到偏僻的会同小山村吃斋念佛。可惜红颜命薄,在37岁的花样年华不幸病故。

莫咏虞是个性情中人,突遇深爱的女人离世,巨大的悲伤使他头晕目眩,他想到阿霞的纯真和温柔,心如刀绞。于是他决定为其举行会同村有史以来最隆重的厚葬,专程在香港请来多位法师,在灵棚前诵经打斋大摆道场,出殡那天有数百人参加葬礼。夫人的逝去对莫咏虞的身心带来沉重的打击,生病卧床不起,便雇用一位年轻貌美的婢女(小名阿霞,姓温)服侍,因她温柔体贴、精心照顾,莫咏虞的病情很快好转。身体恢复后的莫咏虞触景生情,望着温柔的阿霞,欲纳为偏房。阿霞婉言拒绝,并称将终身不嫁,与府上另外四位终身不嫁的婢女愿为夫人玉霞守孝,于是落发为尼,余生与青灯相伴。

莫咏虞为纪念爱妻郑玉霞,同时也感恩服侍自己而终身不嫁当尼姑的婢女阿霞,思量再三决定在家乡为她们建造一座斋堂来栖息,遂于宣统二年(1910年)在会同村西边的瓦窑坡处花了1000两白银买了30余亩果地,建起了一座中西合璧的斋堂"栖霞仙馆",以此纪念自己所爱之人。

1922年,莫咏虞从香港买回来一台柴油发电机安装在栖霞仙馆,还从香港请了一个专业电工,会同村因而成了整个香山县最早通电的村子。他怕女尼们守不住清苦,特地从香港请来电影队放映卓别林电影,丰富她们的精神生活。在莫咏虞的感情世界里,她们是一种心结,他总是心向往之。

所谓"会心不在远处",莫咏虞的目光已由香港收拢到质朴的会同。正如米尔希·埃利亚德在《神秘主义、巫术与文化风尚》一书里的那句话:"在日常住宅的特定结构中都可以看到宇宙的象征符号。房屋就是世界的成像……"我对这话的理解是,我们构筑的房屋除了遮风挡雨,还对应着一个人对世界的想象,即一个人在构筑物质空间的同时,也在构筑着他的精神空间。"栖霞仙馆"就是环境、布局、装饰等均与一个人的内心世界相吻合,达到"世界成像"。在这里,莫咏虞的精神空间不是寂寞的世界,而是温暖人心的成像。

尽管如今附近蔓草丛生,仍然阻挡不了我走向栖霞仙馆的脚步。抬头仰望入口处那座四层高的西洋式大钟门楼，顶部的外挑檐台具备瞭望和守备功能，最上层的平台上，四根罗马柱子支起一个小小的穹顶圆亭，但挂钟早已不知去向。门头"栖霞仙馆"处葡萄牙式蓝色碎瓷拼贴及两侧的卷涡纹样清晰可辨，一对脸部损毁的黄色卧狮遗风犹存。门楼的柱头、横梁、线角、栏杆、门楣均显示出典型的西洋装饰风格。

进入庭院，我的目光一直注视着那座典型的南洋骑楼（斋堂），欧式的回廊显得通透与明亮，是一种适应东南亚的炎热气候，又不失西方经典的西式建筑，我默默地将它的气度记在心里。在欧洲古典主义横三段、竖三段的格式里，横三段的中央一段带有三角形山花并略向前突出，成为主入口和视觉中心，其左右对称的两侧各有一头石象跪着，像是恭迎主人的到来。中段为二层致密连绵的卷柱式圆拱，有细腻的线角、锁石装饰，繁复华丽。上段为墨绿色透空栏杆女儿墙，与二层外廊栏杆上呼下应。在拱廊上行走，其影子一波一波映在地上，使浅蓝色伊斯兰风格的拼花地砖显得色泽柔美，风情依旧。

沿着一楼房间的颓垣行走，楼梯间左侧为打斋用的念经堂、梦想堂，右侧为客厅等生活起居用房。置身其中，仿佛仍回荡着当年的木鱼笃笃和女尼们的轻轻叹息。

安然恬静的二楼房间，仅两个卧室而已，但有一大一小两个露台，特别是面对后花园的大露台，以层层圆拱为背景，夕阳西下时，华美绝伦。

从露台可以俯瞰整个后花园。北侧鸡蛋花树下，是一个日本风格的亭子，歇山茅草顶，许多爬藤植物缠绕其上。北面高大古树的阴影里，隐约显现一个中国风格的六角亭。眼光越过一大片西侧的草地，是一个绿色琉璃瓦装饰的啖荔亭。环顾园中那些奇树异木，有的挂着标牌，有的叫不出名字，有的据说是莫咏虞当年从国外引进的。这些中西合璧的细节，处处彰显栖霞仙馆的气韵。

莫咏虞常年生活在香港，栖霞仙馆平时也对族人开放。20世纪70年代初又开始设立学校供村民子弟读书，惠及整整一代会同村及附近乡邻子弟在这里接受启蒙教育，这大概是莫咏虞所没有预料到的。时隔100余年，我几乎可以想象出他会心的笑声。

由于历史遗留问题，曾有一段时间，栖霞仙馆人去楼空，无人主理，荒草凄凄，破败不堪。观音六角喷水池和发电机房只剩残垣，三座风格迥异的凉亭也淹没在疯长的杂草中。

10年前，莫族后人投入巨资修旧如旧，将这座世外桃源保存下来，那些改造后的咖啡馆，让仙馆少了些许阴郁之气。而近年呢，"栖霞仙馆"因为产权问题，闭馆了。但它的高雅和风情、温存和孤独，仍然悄无声息地打动着后来之人。

买办之乡

"天下熙熙，皆为利来；天下攘攘，皆为利往。"利益的驱动成就了商人，也造就了商业。明清时期，海陆之间和区域内均有商贸往来，大航海时代的中外贸易进一步发展。在近代以来经济全球化的历史变革之时，香山商帮逐渐成长，而从珠海走出的"买办"，在东西方贸易和文化交流中起到了"桥梁"的作用。

香山素称"买办之乡"，在近代涌现出许多赫赫有名的买办商人和买办家族。

"买办"一词，始于明代。据《明史》载，学士彭时亦言："光禄寺委用小人买办，假公济私，民利尽为所夺。"这里的买办是指专管宫廷物料供应的商人。

现在所谈论的买办，是中国近代社会特有的一个群体，他们在中国境内的外商洋行工作，成为一种商人，且作为外国商人的代理人而出现。其主要活动是按照外商的经营策略，替外商搜集情报、招揽业务、代购商品等，帮助他们占领中国市场，避免了外国商人在中国遇到的语言不通、文化隔阂、换算货币和度量衡等种种麻烦。外国资本带来了买办制度，造就了买办阶级，很多时候，买办成了外国资本侵略中国的耳目和工具，在为外商赚进大笔利润的同时，买办自己的财富也迅速膨胀起来，是鲁迅先生所说"依莅于洋华之间，往来于主奴之界"的具有"西崽相"的人物。

清乾隆二十三年（1758年）清政府关闭所有的沿海口岸，指定广州为唯一的通商口岸。不久，广州十三行成立，它是由政府批准经营进出口贸易的商行，从此珠江三角洲地区的官府、商会获得了比内地更多的接触国际新鲜事物的机会。1842年鸦片战争后，国门洞开，清政府被迫开放了广州、福州、厦门、宁波和上海为通商口岸，取消了十三行的贸易专营权。从此，那些拥有特权的跨国银行，以及贸易公司，便成了垄断中外贸易经济的主要势力。而一些以前依附于十三行的人，便开始出来重新依附于外商，很快便形成了一个新的买办群体。

19世纪60年代，不屈服于安贫守缺的香山人，为了改变命运，在生存夹缝中挤出了一条属于自己的道路——当买办。他们在与外商打交道中发现买办获利最厚，"已于士农商之外，别成一业了"。于是，就有香山人进入广州十三行充当买办，也有一些香山人获得澳门同知颁发的执业资格而成为买办。

19世纪末，全国有买办上万人，来自广东香山的唐廷枢、徐润、郑观应，以及来自苏州东山的席正甫成为晚清"四大买办"。其中郑观应来自今中山市三乡镇雍陌村，唐廷枢来自珠海市唐家湾，徐润来自拱北街北岭村。唐家湾会同村的莫仕扬三代作为英商太古洋行的总办长达60年；唐家村人唐廷枢、唐廷植兄弟，族兄弟唐翘卿、唐瑞芝也都是广东近代历史上著名的买办。香山县属的三大买办家族唐廷枢家族、徐润家族、莫仕扬家族同为珠海籍人，群体势力更大，因此，唐家湾更具有买办之乡的经济和社会发展历程。

然而买办也是一个十分特殊的、融聚了中西方文化观念的特殊群体。他们不仅是洋行的雇佣者，同时又是自营生意的商人。由于买办奔走在香港、澳门、武汉、上海、天津等地，极大地扩展了营业范围。他们善于学习西方的广告、股票等管理营销经验，迅速积累了财富，从语言、生活方式上都体现了受西方文明熏染达到一定的程度，从而影响了一个地区的生活品质和文化水准。1862年12月，《上海新报》头版刊出《英语集全》发售的广告，几乎是中国最早的图书宣传广告，该书的作者唐景星就是日后大名鼎鼎的唐廷枢。他早年毕业于澳门马礼逊学校，和中国第一位留美学生容闳是同学，能操一口流利的英语，"可以像英国人一样运用英文自由交谈"，兼具丰富的买办商业实践。唐廷枢通过买办知识问答的形式向民众传授基本的英文日常会话。由此而来，他在卷首特别声明该书"适应广东人和外国人来往、打交道的需要"，《英语集全》成为风靡一时的畅销书。

唐廷枢的第一份工作是在香港一家拍卖行任低级职员，他还在香港英国政府当了7年翻译。任职之余，他开了两家当铺，这是他从事商业的开始。1863年，唐廷枢进入怡和洋行任买办，为他的英国老板收购丝茶、投资当铺、经营地产……这个具有商业天分的中国人，是美国人眼中"最难以应付的对手"，因为，"在取得情报和兜揽生意方面……他总把我们打得一败涂地"。1872年，进入不惑之年的唐廷枢脱下了洋行的"皮鞋"，穿上了北洋大臣李鸿章递来的"官靴"，担任轮船招商局总办，成为中国近代化进程中的一员主将。4年之后，他受李鸿章的委派，开始筹办开平煤矿，这也是唐廷枢一生所经营的企业中历时最久的一个。

唐廷枢和许多珠海籍著名人物都是事业上相互扶持的挚友。1873年6月，徐润被李鸿章正式委任为轮船招商局会办，作为唐廷枢的好友和得力助手，他们一起主持轮船招商局的业务经营达10年。由于唐廷枢经常外出，特别是1876年唐廷枢奉李鸿章之命经营开平煤矿后，轮船招商局实际由徐润一人经理。关于徐润在招商局的作用和影响，李鸿章给予了很高的评价，他说招商局"无雨之（徐润）则已倾覆"。

徐润的四叔徐荣村也是一位著名的买办，同时也是"中国参展世博会的第一人"。1851年，英国在伦敦举办"伟大的展览会"，头脑灵活的徐荣村精心选送了自己经营的12包"荣记湖丝"，贴上中、英文标签用船运至英国参展。因"充分显示了来自桑蚕原产国丝绸的优异质量"，这件展品最后获得世博会颁发的"制造业和手工业"奖章。中山市社科联原主席胡波在《香山买办与世博会》中介绍，徐荣村请画匠把维多利亚女王赠送的奖状中的"翼飞美人"图案临摹下来，油印作为商标，以示其为中国第一个获得国际大奖的民族品牌，并推出系列商品。他的成功不仅触动了那个年代的中国商人，这种敢为人先、融通世界的思维格局，依然具有现实的启示意义。

20世纪初，另一个香山买办唐翘卿（名高亮，字国泰）登场了。他少时到上海当过学徒、买办，后与唐廷枢、徐润同为茶栈董事。多年后，他出面融资，将分散经营的茶栈合并，以集团经营方式创办华茶有限公司，率先将中国的手工制茶革新为机械制茶。茶叶的色香味质量改善，劳动成本显著降低，其经营击退了英资"西冷红茶"，远销海外，形成跨国公司，几乎垄断了美洲市场，唐翘卿因此被赞誉为"中国茶商中的拿破仑"。唐翘卿在经商的同时，也不忘热心家乡公益，在文化建设上成绩斐然，具有义务教育性质的"翘卿学社"旧址，至今依然在唐家古镇的大同路上。

买办世家中除了唐家唐氏、北岭徐氏等，会同莫氏也是粤商中的一支劲旅。莫应溎是莫氏买办家族开创者莫仕扬（名维俊，字彦臣）之孙，莫仕扬曾担任太古洋行买办，对香港的进出口贸易、航运业、制糖业、保险业、房地产业及油漆化工业的发展做出过贡献。莫应溎出生于1901年8月8日，幼年就读于岭南学堂（岭南大学的前身）、香港皇仁书院。1920年他留学英国，先后在剑桥大学经济系和伦敦法学院学习。他大学毕业后回到香港，从事律师职业，1928年出任太古洋行买办。莫应溎的事业是从糖业开始的。1933年3月，莫应溎在广东投资建设糖厂，当时"南天王"陈济棠实行糖业统制政策，莫应溎成为蔗糖营运商，既为太古洋行运销太古糖，又为陈济棠推销"无烟糖"，一举两得，均获大利。后因种种原因，莫应溎放弃了蔗糖营运业务，担任广州大隆行、穗港存义行等企业的经理。

日寇侵华期间，莫应溎作为一个经济法律专业人士，义无反顾地投入募捐募款、抗日救亡的民族运动洪流中，成为著名的爱国侨领。1950年，莫应溎以香港华商总会董事兼交际组组长身份，被推举为香港各界庆祝中华人民共和国成立一周年筹委会主席。1984年12月19日，中、英两国政府关于香港问题的联合声明在北京正式签字。翌年，莫应溎被委任为《香港基本法》起草委员会委员。

买办走过了数十年的近代历程，鼎盛时期，买办可以从洋行获取巨额佣金，随着洋行的根基稳固，洋人大规模进入管理层，无须华人代办业务，买办佣金大幅度降低。以太古洋行为例，1870年到1929年的近60年间，买办佣金由商业利润的2%降到2.5‰。急剧变化的形势，对买办的未来发出了不稳定的信号，他们也渐渐退出历史舞台。这一历程真实反映了中国民族资本主义早期发展的规律，在中国近代经济发展史上具有特殊地位，美国学者郝延平所著《十九世纪的中国买办：东西间桥梁》较为生动实在地描述了这段国际关系历史。

尽管后来社会上有多种评价，但灵活能干的香山买办，早早嗅出了清末中华民族所面临的重重危机，并表现出非同寻常的民族主义意识，他们积极投身洋务运动，率先投资、经营近代新式工商业，踏上了从洋行买办到民族工商业先驱的转型之路。

珠海博物馆副馆长宋华说，香山买办在外商洋行中汲取近代对外贸易和企业管理经验、提升能力和眼界，进而积极参与洋务、创办新式企业，他们能识时务，敢为人先，在推动中国工商业转型与进化的同时，自身也成为民族工商业的先驱。

走过苏家巷

有的人,因为一个人恋上一座城;有的人,因为一道美食爱上一条街;有的人,因为一首歌而迷上一部剧;有的人,因为一棵树而爱上一片森林……而我,因为敬仰多才多艺的名僧苏曼殊,便驱车从一座城到另一座城——珠海市沥溪村苏家巷。

苏曼殊(1884—1918年),原名戬,字子谷,学名玄瑛,法号曼殊。据《苏氏族谱》考证,苏曼殊祖上为宋代著名诗人苏东坡后裔。旧时部分苏姓族人为躲避朝廷党派纷争而迁徙至广东一带,后迁至沥溪村。到了苏曼殊祖父苏瑞文那辈,其家族以经商为生,苏曼殊的父亲苏杰生亦是一名洋行买办。常年在日本经商的苏杰生与一位名叫若子的日本女子有了一子,便是苏曼殊。

在那时,苏曼殊中日混血及私生子的出身注定了他备受冷眼与歧视的命运。他6岁时被苏家从日本接回苏家巷生活,在这里度过了坎坷的童年时光。12岁时他随新会慧龙寺赞初大师出家,到广州六榕寺剃发为僧。离乡后,苏曼殊开始其几十年颠沛流离的红尘孤旅。他遍尝生活的艰辛,历经爱情的悲剧;也曾满腔热血参加革命,反抗封建世俗……他多次心灰意冷剃度出家,而后又放浪不羁洒脱入世。

苏曼殊是我国近代著名的文学家、诗人、画家、翻译家,是近代文学界和宗教学术界最具影响的人物之一。苏曼殊擅写抒情感怀之诗,其作品多绝句,诗风冷艳清新,别具风韵。他的小说《断鸿零雁记》更是开创了中国白话言情小说的先河,对后来流行的"鸳鸯蝴蝶派"文学产生了深远的影响。多才多艺的苏曼殊通晓汉、日、英、梵文等多种文字，他翻译过《拜伦诗选》和法国著名作家雨果的《悲惨世界》，在当年的译坛轰动一时，影响后世。

这样一位清末民初的名僧，人们对他的评价褒贬不一。有人说他是多情大师，有人说他是悲情诗人，有人说他是一个地地道道的"花和尚"。而章太炎却称他为"亘古未见的稀世之才"；郁达夫说他在中国的文学史上是不朽的存在；陈独秀说在许多朋友中间，像曼殊这样清白的人，真是不可多得了。鲁迅这样评论他："我有一个朋友，性格十分古怪。他一有了钱，就去喝花酒，没有了钱，就跑去当和尚。"南怀瑾评价更为严苛："行迹放浪于形骸之外，意志沉湎于情欲之间，实际并非真正的出家人。不可与太虚、弘一等法师相提并论，实为民国以来僧史上的畸人。"

那么，真正的苏曼殊，究竟是怎样的一个人呢？在放浪形骸的外表下，又藏着一颗怎样敏感的内心？在一个风和日丽的夏天，我走进了新楼旧舍交错的祠堂街，在铺满青石板的街口，遇见了泛着旧时光的苏曼殊故居。

这是一座建于清代的平房，连壁五间，总面积约100平方米，是当年苏瑞文为其五个儿子所建造，每间面阔4米，进深6.5米，有门廊、天井和正间。沥溪村的先人们从不曾想过，几百年后的今天，默默无闻的村落会因为苏曼殊而闻名，成为大家争相慕名前来探访的地方。站在苏家巷，我抬头望着门楼上那朱红的牌匾，翡翠色的楷书题字，如同苏曼殊的诗文、画作一样清雅。走进苏曼殊故居，只有40平方米的小院几乎一览无余。顺着笔直的青石板路朝里望去，正前方就是苏曼殊的全身塑像，栩栩如生。穿着一袭僧服的苏曼殊，手执扇子，他年轻英俊，忧郁的目光深邃而悠远。

归祖后的苏戬易名苏三郎，祖父母非常疼爱他，将他送到简氏宗祠的私塾接受文化教育。苏三郎聪颖勤奋，临帖作画从不马虎，深得启蒙老师苏若泉的钟爱。但他由于身上有日本人的血脉，常受到其他族人的欺凌，母亲因无法忍受苏家妻妾的排斥而伤心离开中国。身心受创的苏三郎顿感世界坍塌，孤独与悲愤陪他走过童年。模糊的身世与心理的悲怆，是他日后对童年经历讳莫如深的重要原因。

后来，苏杰生为求男丁和虚名，娶纳众多妻妾，又沉迷于买官衔以求光宗耀祖，伴随生意逐渐衰败，原本殷实的苏家每况愈下，最终走向没落。当时正在上海学习外语的苏三郎只好中断学业，拜别恩师——西班牙牧师罗弼·庄湘重返苏家。他在身染重病之时，被父亲的妾氏关进柴房，令他在病痛的折磨中饱受人情冷暖以及死亡的威胁。当他劫后余生，对苏家彻底失去了眷恋，决心皈依佛门，取法号曼殊，开始了他"一钵千僧饭，孤僧万里游"的一生。

苏曼殊天资聪颖，经文戒律过目不忘，佛法参悟道行极高，与禅宗六祖慧能大师有相似之处。暮鼓晨钟，劈柴挑水，寺庙简单而又平静的生活，让苏曼殊那被压抑的心灵得到了滋长。除了参禅悟道，他还善绘画，撰诗文。他的文字清新脱俗，情感真挚；他充满禅意的画作，更是深得世人的喜爱。只是清规戒律克制不住孩子贪吃的天性，他第一次被逐出佛门的正是因为经不住肉香而动摇了本真。苏曼殊有着三次剃度、三次还俗的半僧半俗的人生经历。

有人说，不幸的人一生都在治愈童年，而苏曼殊，却用尽一生都无法治愈童年。正是因为经历了血统歧视、族人排挤、家境变故、亲情缺失等境遇，才会拥有异禀才情，才会变得性格孤僻而失去安全感。

苏曼殊的诗文，似乎都是悲情为底色，就如他的人生写照一般，不管是童年经历，还是出家为僧，又或是革命不顺，他的心里积压着浓厚的厌世情结。

在苏曼殊的故居，抚摸着这里的一桌一椅，一窗一棱，闭上双眼，仿佛能看到弱小的苏三郎蜷缩在墙角饮泣的身影。那些年，在这里度过的每一分每一秒，都是刻骨铭心的痛。这里有母亲的泪水，有他不能触碰的痛。对他而言，这40平方米的空间，连呼吸都是刺痛的。成年后的苏曼殊曾说："家庭事虽不足为外人道，每一念及，伤心无极矣。"可见，在苏家那些年所经历过的事，每一件都不堪回首。

有人说，要想了解一个人，最好看看他身边的朋友。纵观苏曼殊身边的朋友，阵容强大得让人吃惊：孙中山、蒋介石、陈独秀、李叔同、刘师培、陈少白、鲁迅、柳亚子、刘季平、章太炎……

也正因为这些朋友的影响，苏曼殊在日本留学时，就积极参加爱国革命团体青年会，成为一名革命党员。在革命活动中，苏曼殊或许不是一名革命的活动家，但他是一名革命的文学家。他的贡献不在于对旧世界进行"武器的批判"，而在于运用文学作为"批判的武器"，为辛亥革命开辟道路。

也许，苏曼殊不是一个合格的僧人，他不安于佛门、不守清规戒律，但他是一个忧国忧民的诗人。"留萤明灭夜悠悠，素女婵娟不耐秋。相逢莫问人间事，故国伤心只泪流。"正因如此，这些朋友仍给予他"革命和尚"的评价。至今，在苏曼殊故居院墙中，仍可以见陈独秀、郁达夫、于右任等名人的题词碑刻。

"契阔死生君莫问，行云流水一孤僧。无端狂笑无端哭，纵有欢肠已似冰。"在短暂的一生中，苏曼殊都在出世和入世中挣扎，在激昂慷慨和无能为力中沉沦。1918年，苏曼殊因病在上海结束了35年的痛苦人生。弥留之际，他写下"一切有情，都无挂碍"八个字留于世人，便离开了人世。其人其文，皆令世人感慨不已。苏曼殊的一生如烟花般灿烂，既漂浮如云，又如孤雁独行。他用半僧半俗的身份游历在佛门与红尘之间，却没有一处真正属于自己的归宿。他死后，柳亚子将他的诗文、画作整理成《苏曼殊全集》出版，可见他们之间的友谊之深厚。

虽然苏曼殊一生中的文学、绘画、革命成就都与沥溪村无关，但是苏曼殊毕竟是从苏家巷走出去的少年。不管他身在何处，沥溪村的苏家巷，仍然是他出发的地方。

时代在发展，城市在变化。如今，苏曼殊的故乡沥溪村也迎来了翻天覆地的变化，低矮的楼房已经集体拆迁，一幢幢鳞次栉比的高楼如雨后春笋般崛起。格力集团全资打造的科创小镇"漫舒·溪里"项目，让简氏宗祠、苏曼殊故居更加成为一道集文化、旅游为一体的亮丽风景线，成为历史的见证者。

白石街纪事

忘记了我去过淇澳岛几次。有夏天也有冬天,既看风景也看历史遗迹。

这是个冬日的早晨,我驱车以60公里的时速跨过金星门水道,行驶在淇澳大桥上,窗外云罢雾霁。心情怡然,车载音响播放着王菲演唱的《又见炊烟》:"又见炊烟升起,暮色罩大地。想问阵阵炊烟,你要去哪里?夕阳有诗情,黄昏有画意,诗情画意虽然美丽,我心中只有你……"侧身回望淇澳岛身后的伶仃洋,烟波浩渺,这歌声像一团薄雾在水面上飘。

稍微踩了一下油门,几乎是一分钟的时间就从陆地进入海岛了,这是个四面临水的岛屿。柏油路干净透亮,植被葱茏,特别是路中间那一排排高大挺拔的椰子树,在海风的吹拂下,毫无顾忌地在淇澳大道上往前延伸。很快,我的车速又慢了下来,视线停留在北大青鸟附属实验学校对面的海景上。这是一个180度视角的半月湾海景,草地、沙滩、海浪、鸥鸟、云雾,它们用丰富的表情,欢迎我这个旁观者的到来。

不过,我的心思依然在那条远近闻名的白石街上,那里的历史中的枪炮声,那里的仁人志士,那里的历史遗迹,那里的黑色瓦檐上飘出的袅袅炊烟,正向我召唤。

白石街,在期望的另一头,等着我。

按照一个路牌指引,车子左拐进入一条乡村水泥路,这里停满了车,似乎是一个死胡同。眼前一辆小货车在卸货,一家卖海鲜的店铺老板娘在唠嗑,她微笑时露出洁白的牙齿。我打开车窗问路,她顺手一指:"白石街呀,这里过去50米,再左转100米就到了。"

事实如此。我找了个划线的位置停车,径直走向白石街。更确切地说,我现在还在五一路。从这条路上一眼望过去,路两边都是两三层的独栋建筑,墙面有白色、红色、黄色,甚至猪肝色。我总疑惑淇澳广场边的那栋土红色别墅,为什么在大门的门楣上冠以"被鸟叫醒"的字样?应该是一家小资情调的民宿吧!

我在大理石铺就的广场上转悠,试图找出它最生动的部分。在唐家湾镇人民政府颁发"身份证"的那棵216年的大榕树旁,青石青砖青瓦的钟氏大宗祠(淇澳村史馆)成功地吸引了我的注意,门前的那副对联"春喧僻壤翠,夕照海天彤"诗意盎然,当时的淇澳村是一幅多么美好的春景。我不能不被宗祠墙顶那些生动的壁画所感染,时空交错,它们在诉说着如烟的往事。

走近广场边那间青砖黛瓦的红色书屋,想从一些书籍资料中得到某些关于白石街秘密的暗示,但玻璃门已上锁。冷风完全无视我的心情,我站在静寂的路边发呆,坐在旁边剥生蚝的一个中年妇女看出了我的心事,她告诉我书屋周日不上班。我只能从地理意义上寻求历史发生的证据。

我再问:"白石街呢?"她说:"就在脚下呀,从这里一路过去都是。"后来我才明白,我是从尾往头走的,这条白石街,一米多宽,绵延近两里。在这条街上,所有的细节都停留在原始的状态,街两边的民居十分简朴,经过风雨和岁月的漂洗,墙和瓦都变得苍然黑灰,甚至脚下竖排铺筑的青石板也被时间打磨得凸凹不平。几百年的沧桑岁月,站在天地间,如果我们不过分的愚钝,仍然能感受到古代传来的信息。

游人和文艺青年成群结队而来,操着南腔北调,他们试图抓住旧时的梦境——感受青石、蚝屋和庙宇,又想牵手商业文明——体验淇澳炊鸡、老挝冰咖啡和赵氏鸭脚包。他们在这里扎根,把这条街变成民宿、咖啡店、餐厅的落脚地。即便如此,白石街依然安静、依然幸运,老房子没有涂脂抹粉、悬挂大红灯笼和安装镭射灯光等来卖弄,它们只是稍加整饰,将自己的文化韵味展现出来，以此牵动朴素而纯洁的往事。

在白石街走着，被一家墙壁上爬满植物的店面吸引，其门口竖着的一块朽木上写着"原创空间——缘起一件旗袍的故事"。门帘紧闭，我不知道里面发生了什么，但我猜测主人是女性，而且跟旗袍有关。她生活的态度与情怀，在隐秘处兀自发光。

经过何叔公家的"非遗小院"，墙壁上挂着的那些非物质文化遗产铭牌数不胜数：沙田民歌、三灶鹤舞、一指禅推拿、横山鸭扎包、淇澳银虾酱……出于职业习惯，我与店主攀谈起来，想了解一些非遗特色食品，要带走一些手信。想不到他笑眯眯地对着我说："我也不懂，我是帮忙看店的，老板在斗门。"我没办法说服自己购买手信的必要性，只能与这些非遗食品失之交臂了。

苏兆征陈列馆左边的那面蚝墙是不是历史遗迹我不清楚，但461号那面灰黑的蚝墙却是货真价实的原装正品。这是一座清朝道光年间的建筑，为青砖土木结构，一进，面宽三间，左间倚筑一厨房，建筑面积共有68平方米。院子左边的松柏下面，还有一尊苏兆征的半身青铜雕像，这里就是中国工人运动的杰出领袖苏兆征的故居。苏兆征是中国共产党早期的革命家，曾领导了震惊中外的省港大罢工，如今这栋建筑已然成为红色之旅的胜地。

我被路边的鱼干吸引，鱼干有的摆在地上晒着，有的用绳子穿起来挂着，一排排、一串串。走的时间长了，也有些饿了，我的额头正冒着虚汗，无法再用精神上的满足来抵抗饥寒交迫，于是选择了一家火锅店就餐。我没有被他们贴在墙上的花言巧语"微醉而已，清醒就不浪漫了"所蒙蔽，我知道开车不能喝酒，只点了两个菜：酸菜鱼和毛血旺。这种辣能够驱寒，这种麻十分美味，我独自享受着。

我的脚步继续丈量白石街的长度。终于走到写有"白石街"的石牌坊处，这边才是正门。牌坊是由青石条镶嵌成的建筑，尽管不够宏伟，但是硬朗。"淇澳未沦亡拔刃请缨同杀敌，英军寻死路丢盔弃甲败兵逃。"从牌坊上的这副对联，以及旁边古炮台遗址上那些锈迹斑斑正对着海面的几尊大炮，可以想象，这里曾是怎样一个惊心动魄的战场。1683年，协助主帅施琅打了胜仗的钟宝，从台湾运回六门荷兰造铜炮，放在家乡淇澳岛上。想不到，150年后的1833年深秋，那些铜炮再次发威，向在白石街海面寻衅滋事和贩卖鸦片的英美商船队开炮，让人们再一次聆听历史的呐喊，感受炮威的雄风。

遗址上，还有神炮手蔡义的红石雕像，他右手拿着望远镜，昂首挺胸，目视前方，时刻准备着对来犯的夷人迎头痛击。

据说，这条白石街，就是淇澳村民打败英美鸦片贩子后，最终用3000两的白银赔款来修筑的。再后来，也重新修缮了天后宫，蔡义的塑像成为庙宇中不朽的风景之一。

依稀记得行走了两个多小时，一路的历史遗迹，一路的文创店铺，一路的风味小吃，一路的岛屿风情。从天后宫开局，以祖庙收尾，白石街如棉与丝搓成的线，妙不可言。我知道自己只是个无足轻重的过客，但这种偶遇却丰富了我的情感和记忆，使我在忙碌的生活中不被无情的时光篡改。

我庆幸自己的坚持，同时开始自作多情地为一些跟随旅行团的游客感到遗憾。他们在旅行社的安排下，在导游招展的小旗和刺耳的喇叭声中，要么看景，要么购物，之后匆忙地坐上豪华大巴离开，兴高采烈地与真正的白石街擦肩而过。

而我呢？只要白石街的喧哗声一天不停，我晃动的身影就不会停止躁动。

北山村

每个城市都有属于自己的记忆，每个城市的记忆总要附着在某个地方。

在珠海这座繁华城市钢筋水泥的边缘，小巷百十米长的路段上，北山村所有沧桑旧宅都在夹缝间顽强地挺立。它在低声向人倾诉，名声虽然远去，但故事仍在延续。

古朴旧祠堂、现代艺术馆、市井城中村、网红餐饮店……全都一并混拼在北山里。这里既保留有100多栋历史建筑，又有200余家网红商户，每天的客流量可达10000多人，其中有15%是来自港澳及世界各地的青年。

北山村，隶属于珠海市香洲区南屏镇，因坐落在阿公山以北，故名北山。相传南宋嘉熙元年（1237年），这里便迎来了第一批居民——杨家将的后人。780多年过去了，杨家在北山开枝散叶，伫立在村口西侧的杨氏大宗祠，青砖黛瓦蓝天，满目古树泛绿，从中依稀可窥昔日的繁华盛况。

在这里，流传着那个悠远的传说，诉说着数百年的如烟往事。北山村的杨氏家族是北宋杨家将的子孙，辗转逃到这里隐居下来，繁衍生息。不同于中国传统建筑坐北朝南，这里的院落均是坐南朝北。据说，杨氏以这种特殊的形制表明，自己身居南方却心向北方朝廷的爱国精神。

我走进北山村，是从北山大院开始的。

走进青砖黛瓦的门楼，犹如穿越在时光的隧道里，既能感受历史的沧桑感，又能体验生活的现场感，除了悠然自得，也会大彻大悟。

第一次走进北山大院就对眼前的一切感到好奇，五光十色的招牌、ins风咖啡馆、"我在北山很想你"的路牌，突如其来的北山精舍、北山民宿、北山栖、停云书房、烘焙店、素食店、花店、茶馆、古琴馆、美术馆，让我目不暇接。还有头戴簪花的汉服女孩，身着礼服旅拍的新婚夫妇，在湍急的人流中，我成为其中的一部分。

踩一下这里的土地，感受北山的厚度；嗅一下这里的空气，领略北山的热度。在这个承载了数百年厚重历史的老村子喝一杯茶、发一下呆，它的命运变迁所引起的震荡，几乎超出了我的想象。

是酒，将村子的夜晚勾兑得如此疯狂；是茶，浓缩了一个旅客的人生情怀；是情，让年轻人的任性在这里尽情挥洒。那些寄托美好愿望的人们，就像院墙上悬挂的心愿卡写的那样，"鸟与鱼不同路"，目的不同，只要开心就好。

当夕阳映在斑驳的院墙上，那霞光和倒影，足以让人心醉。仿佛从这幽深的小巷一路看上去，可以看穿数百年北山村的前世今生。

北山村的导游陈小姐说：北山艺术街区的源起和兴盛绕不开薛文和薛军。兄弟俩的父亲——军旅版画家薛翊汉钟情于北山的古建筑，在村里写生、创作，他眼睁睁看着很多百年宅院走向覆灭。艺术家的本能和文化责任让老人焦虑，他开始尝试与村里的族人们一起修复宗祠，开拓保护和复兴之路。2008年，薛翊汉突发心脏病离世，临终前郑重地将北山村古建筑保护的遗愿嘱托给两个儿子。从此，两个年轻人开始深耕北山，"用艺术对抗遗忘，用热忱激活村庄"。

作为实物存在的建筑和作为精神存在的文化，是历史村落和街区保护改造的两个层面。建筑的修复可以通过专业研究和施工去解决，修旧如旧。但传统的社会结构、文化内核和生活方式正在离我们远去，直到湮灭在历史尘埃里，再也无法修复。在修缮后的古建筑里注入什么样的文化，表达什么样的内涵，才能产生一个有生命力的生态链，这才是薛文、薛军面临的终极问题。

2008年，薛家兄弟租下了村里的医帝庙、章成祠堂、景辉祠堂、影剧院四组古建筑，邀请古建专家一起研究修复方案：一方面要重现建筑原有的光彩，另一方面又要使其能适应新型文化产业的发展。第一个活化项目是医帝庙的艺术家工作室和美术馆，这是两个相对静态的项目，而之后在影剧院基础上打造的北山戏院则是一次有境界的跳跃。文化艺术需要个性，但文化产业却需要抱团、协作，薛家兄弟的带动效应让整个北山村的文化气氛浓郁了起来。

薛家兄弟在历史建筑修旧如旧的基础上，不断引入美食、艺术、文化等多元业态。如今的北山，兼容百年古村、城市社区、创意街区多重身份，新与旧在这里重新定义时间的刻度和人文的温度。

21世纪初，北山村数百年的历史积淀与文艺潮流在城市的飞速发育中初次相遇，如同干柴烈火。这个在珠海城市地图上城乡接合部的一个小点，从修复到活化，用了不到10年的时间，蜕变成一个大隐于市的文艺乌托邦。炫目的光线，彩色的画面，徜徉的人影，纯真的古村。行走其间，时光像在倒流，小巷也仿佛入睡。古村的市井氛围和平民精神，控制着这个村落的分寸感。

独自凭栏时才感觉到思绪已滑落百年。傍晚时分走过巷子，黄色的灯光映出门上一些模糊的影子。北山会馆，门前的两头石狮子笑迎宾客。薛翊汉纪念馆，翠竹青青，桂花飘香，休闲的人们在里头饮酒、喝咖啡，消费着自己的青春。灿记海南鸡饭店，主理人亚灿原本在澳门从事IT行业工作，内心却一直受到美食的号召，在北山选择学厨创业。法厨小馆，一个法国人朗努·沙兰和他的妻子钟波子在两棵大榕树下开起了"浪漫爸爸"面包店和小食店，纯正的欧包风味，吸引了大批在珠海工作生活的外国人。像这样中西融合的缤纷业态，还有悦尔炸猪排店、越南牛肉粉店、意大利面店、渔家蚝情店，都有着异域的身影，充满了浪漫的情怀。如今的北山村已成为珠海最富人气的文化地标。

北山村的现代史，从一台柴油发电机开始。它躺卧在北山大院斑驳的墙边，显得笨重拖沓，但绝不粗制滥造。20世纪50年代末期，杨门允为建设家乡发动旅港北山同胞赠予家乡一台发电机，让古老与现代对话，在未普及电网时，北山村全村用电皆由此供应。这是先辈服务家乡的心愿的体现，也是接触文物的宝贵机会。

艺术的兴盛需要文化的碰撞，北山村的文艺昌盛，让这个城中村成了这座城市的文艺心脏。在这个悠然的天地里，是新与旧的完美共存，城市人奢望的一切舒适，在这里都云淡风轻，顺理成章。这里没有被石化的传统和过往，只有流水般无止境的创想和生活情趣。艺术的高雅飘散在温馨的市井中，宁静或是跃动，传统或是前卫，都随你心意。无论走进多深的巷子，肖邦的春天奏鸣曲和爵士乐的芳香一直跟随……

可以说，沉寂了数百年的北山村是被爵士音乐唤醒的。

薛文决定以音乐为媒，将艺术文化引入北山。2010年，残旧的北山戏院完成修复，同年9月，首届北山爵士音乐节在此举办。来自法国、加拿大、瑞士、挪威等14个国家和地区的乐队齐聚北山，这是全世界唯一一个在城中村举办的爵士音乐节。

"金爵士力求将爵士乐与中国传统的民俗音乐相结合。"金爵士艺术中心主理人聂鑫表示，这种跨界演绎实际上也是一种中西方的文化交流，它在民族音乐与世界音乐间搭建起一座桥梁，引入新的要素，焕发新的活力。北山找准了自己的定位——是传统的，也是现代的；是民族的，也是世界的。

2018年春天，北山村再次被音乐点燃。晚上10点，Saharadja乐队的电音"嗨"翻了整个北山之夜，巨大的电子屏幕成了现场观众最大的表演区，抓拍摄影师把一个个最兴奋的表情、最鲜活的笑脸、最潮流的造型投射在屏幕上，露天舞台炫目的灯光变幻、摇曳，穿透城市的夜空。从傍晚到午夜，连续2天，7支来自世界各地风格不同的乐队加上一系列音乐导赏、音乐工作坊的暖场，以及精彩的世界美食和文化集市，构成了一个完整的音乐盛会。由此，这个古村被激情和欢乐淹没。

更让文化和音乐界感到兴奋的是"驻地艺术家计划"，对本土民俗咸水歌进行创作与表演。当地的民间歌手在钢琴、贝斯等西洋乐器合作下表演的咸水歌《高堂歌》《对花》赢得满堂喝彩。主办人薛文将这一尝试戏称为"用刀叉吃干炒牛河",然而其中的深意耐人寻味。现代流行音乐如同一颗种子被埋进了古村的土壤,从此彼此融合,彼此喜欢,共同生长。

在历史文化的引领下,如今的北山村坐拥"国家级生态村""广东省历史文化名村""全国红色美丽村庄试点"等多个头衔。同时也在打造浓浓中国风、岭南韵、珠海味的中国式现代化乡村振兴样板,未来的北山将充满动感与活力。

白鹤之舞

三灶鹤舞传习展示馆在海澄村口，正表牌坊的正后方，泰平街58号。在我匆匆忙忙赶过去的时候，已近中午时分，红漆木门紧锁。我只得打电话向朋友求助，他帮我联系了看馆人，也是传承人。

我就站在展示馆门前的小广场上等候。这里是鹤舞训练和表演的地方，麻石和青砖铺就的地面宽敞整洁，门前两株生长十数年的鸡蛋花树随风摇曳。

展示馆的前身是民国著名的地方私塾"尚贤斋"，建于1923年。展示馆占地面积326平方米，高一层，砖木结构，传统岭南建筑风格，保留着原私塾的三间两进平面格局。1938年抗日战争时期，尚贤斋被日军霸占，设立三灶岛维持会厅。1950年代，尚贤斋曾作为正表乡政府办公室、医疗站等。1980年代，尚贤斋作为村民举行节日集会的场所。2011年，三灶镇政府将其活化改造为三灶鹤舞非遗展示馆。

在我事先找到的有关鹤舞资料中，有如下记载：三灶鹤舞，源于宋朝，盛于清代。三灶，古时岛上山林葱翠茂密，海岛周围有大面积的红树林、滩涂和湿地，由于食物丰富，白鹤等飞禽走兽成群结队地在此栖息。在传统文化中，鹤代表着吉祥、长寿。三灶人崇拜仙鹤，观其形、听其鸣、仿其舞，仙鹤的一举一动成为三灶鹤舞原始艺术创作的素材。三灶鹤舞就是在这种敬仰崇拜的基础上模仿白鹤的动作、神态，研究白鹤的生活习性创造出来的。据传，三灶鹤舞是流落伶仃洋并在三灶岛上定居的南宋王朝遗民模仿岛上栖息繁衍的白鹤而始创的，流传至今已有700多年历史。

▲ 三灶鹤舞传习展示馆

据明嘉靖二十七年（1548年）《香山县志》第八卷中记载："小榄何庸，字用中，又字一之。涉猎书史，鼓琴调鹤以自娱，因自号琴鹤东人。成化中，至京师翰赀得七品散官，出入诸名公门下。皆为赋琴鹤东人诗。丘文庄公序之，略曰：昔宋赵清献公入蜀，以一琴一鹤自随……李西涯学士亦为作记，文多不录。其诗多长篇，略记其一二。大学士万安云：香山山水清且妍，苍松翠竹涵云烟。中有高人遁世者，寻常琴鹤相周旋。皆翰林所作，多至百余篇……"这段文字记载了宋朝香山人赵清献，舞鹤技术高超，并把鹤舞传入四川。到了明朝又有一位舞鹤高手香山县人何庸，因舞鹤出名，得到明朝政府的认可，何庸因此而得到了七品散官，并在京师为各名门望族、文人雅士表演鹤舞，大学士李西涯、万安等写了100余篇诗，赞美何庸的鹤舞艺术。

又据清同治十二年（1873年）的《香山县志·风俗》中记载："元宵灯火，装演故事，游戏通衢。舞者，击鼓以三为节；歌者，击鼓以七为节。又春宵结队，彼此酬酢。曰：唱灯歌。又曰：唱鹤歌。"以上文字说明，在清朝鹤舞已成为群众生活中喜闻乐见的一种民间传统文娱活动。三灶鹤舞发展到了鼎盛时期，整个香山县（当时包括珠海、中山、新会、番禺）跳鹤舞、唱鹤歌已蔚然成风。

文化不会轻易被人忘掉，所有的证据显示鹤舞一直在三灶传承。

正是中午时分，唯我一人在展示馆广场逗留。我感觉自己和这个展示馆在做逆向运动，那样陌生和好奇。在等了一刻钟后，我要找的人——汤福文急匆匆地走了过来，他1.75米的个头，一身白色打扮，尽管75岁了，还是精神奕奕。我在与他的交谈中得知，他是2011年5月第三批国家级非物质文化遗产三灶鹤舞的珠海市级传承人，曾干过农活，在工厂打过工，还是正表村民小组的报账员，2021年退休。

"白鹤舞，三灶传，欢迎来到金海岸。打开大门迎接你，跌宕故事讲不完。这里有白鹤展翅的机场，这里有流连忘返的沙滩。一条条大道正在延伸，一道道海堤正在铺展。我用鹤舞迎远客，出齐羽毛飞上天……"汤福文推开展示馆的大门，随口用三灶话对着我唱了起来，尽管唱腔里的方言俚语听起来有点困难，但我还是勉强译出了它的大意。这立刻引起了我的兴趣，确认此行不虚，交谈也就从容多了。

三灶鹤舞展厅空间宽敞，历史建筑与非遗文化韵味完美契合，展厅内以图文展板和实物展示的方式，向人们展示着三灶鹤舞的历史故事与文化内涵。旧时私塾摇身变成新时代优秀民俗文化的传承基地，让传统建筑焕发了新的活力。

鹤舞表演丰富灵活，有伴唱和伴奏，惟妙惟肖。汤福文说："最早三灶鹤舞的表演队伍由五人组成：一人跳鹤舞，一人唱鹤歌，三人使用打击乐器伴奏。表演时舞者披上鹤衣，模拟白鹤从睡醒开始，梳理羽毛、觅食、踩水、嬉戏到飞翔的各种姿势神态，动作优美，轻盈灵动。现在发展到可以多人同时跳鹤舞，一人唱鹤歌。鹤歌第一句歌词必须以'白鹤'开头，以表达自己的感情愿望。舞蹈结束时，要以'出齐羽毛飞上天'为结句，呈现出一种颇为独特的歌、舞二元结构。伴奏乐器有鼓、锣、钹等，打击节奏随舞蹈的韵律变化而变化。"

我问汤福文如何制作白鹤装饰，他指着展馆里各种姿态的白鹤造型，一五一十地讲起来："三灶鹤舞表演所用的白鹤，鹤头用木头雕刻，鹤身用竹篾编织，羽毛从前用竹叶，后来用白纸糊制，现在用白羽毛粘接。鹤脖子里用一根细竹竿支撑并供舞者操作，造型要求神似，整件道具当地俗称'鹤衣'。"

三灶鹤舞队经常参加演出，有时在金湾区，有时在市外。或许汤福文天生就是一个演员，他在与我的交谈中，举手投足都尽显韵味，说到动情处就随口唱出来。他指着墙壁上的一些活动照片说："在正月初七'人日'或正月十五元宵节等重要节日，我们会按照三灶传统，身穿鹤衣，以开光、拜老、羽化三种仪式为主线，围绕仙鹤临门、觅食、洗嘴、梳羽、休息、嬉戏、归巢七部分进行演出，还有锣、鼓、钹来参与伴奏。有时我们也会应邀到外地表演，比如2023年，我们三灶鹤舞队10人，参加了佛山祖庙庙会的非遗展演；还有最近，参加平沙台湾青创园的'台青看珠海，助力百千万'主题表演。我们的鹤舞表演，会伴唱鹤歌，根据不同的仪式、地点与对象，有不一样的内容，如祝福、贺年、贺寿等，曲调朗朗上口。"

因为工作关系，我曾经看过一部名叫《鹤无双》的纪实微电影，故事里德高望重的"鹤王"陈福炎，带领着三灶村的舞鹤队敲锣打鼓，为村民们祝福，祈祷来年风调雨顺、国泰民安。在影片中，陈福炎扮演三灶鹤舞的传人，被村里人称为"鹤王"。"鹤王"虽为王，却苦于无人继承衣钵。这时候，他想到了自己的小孙子小飞，但小飞并不了解其中深意，反而因为贪玩烧毁了爷爷精心制作的鹤衣。多年后，经历了人生不易与酸楚的小飞重回故里，继承了爷爷的遗志，鹤舞才有了新鲜的血脉，焕然新生。

如今，国家级的非遗传承人"鹤王"陈福炎已经作古。但他的"鹤舞"事业正在得到传承和发扬。在三灶鹤舞传习展示馆中，公众不仅可以学习到民俗鹤舞的历史发展、传承情况、艺术表现形式等，还可以与鹤舞传承人汤福文、谈森荣、邓爱珍进行交流互动，观看一群"白鹤"一会儿啄食，一会儿梳理羽毛，动作自然，活灵活现，以此深入了解三灶鹤舞背后的故事。汤福文说："为了防止三灶鹤舞的流失，我们加强了鹤舞的传承，寻找新的代表性传承人。我们在海澄小学、三灶小学、海华小学等校举办培训班，从鹤舞的历史文化教起，再延伸至鹤舞表演，从中挑选优秀的学生重点培养，希望找到新的鹤舞传承人。同时，也培养了一批鹤舞爱好者，弘扬传统文化。"

三灶鹤舞从宋代开始就一直传男不传女，但邓爱珍是个意外。邓爱珍，现年52岁，广西人，1997年嫁入金湾区三灶海澄村，珠海市非物质文化遗产鹤舞项目传承人。邓爱珍嫁到海澄村不久，恰逢村里正在寻找鹤舞传承人，因为后继乏人，陈福炎提出了招收女学徒的想法。老一辈鹤舞人打破封建思想，转变传统观念，经过商议，同意接纳邓爱珍为三灶鹤舞传承人的培养对象。邓爱珍深知肩上的重任，每晚7点后接受训练，背负约4千克的鹤衣从模拟鹤的动作开始，到最后完成表演，其功力和品德得到了大家的认可。在学习鹤舞一年多后，邓爱珍不负众望，从一名舞台下的观众过渡到千挑万选之后的鹤舞首位女性传承人，其坚强的毅力让人钦佩。村民提起邓爱珍，都说她能吃苦，工作家庭两不误，还接上鹤舞的传承大旗。

白鹤象征着吉祥、长寿，三灶先民崇尚仙鹤，在观鹤之余发挥对生活的想象与艺术创作，创造出"态有遗妍，貌无停趣"的三灶鹤舞，在一静一动的舞姿间还原了白鹤的轻巧灵动，形神俱备，逐渐演变成了当地迎春接福、贺老拜寿的风俗礼仪文化，具有很高的艺术性、观赏性和文化价值。三灶鹤舞这一民间舞蹈，源于劳动人民创作，将仁爱礼仪、敬仰崇拜寓教化于活动，蕴藏着丰富的人文精神和文化价值。

野狸岛纪游

如果不是因为那些煽情的地名和景致,我就不会急切地进入岛屿的暮色。

一个冬日的下午,我与朋友满怀期待,驱车前往海滨的野狸岛,去领略那目不暇接的美好。

走过由南往北的情侣路,向右转过海燕桥,岛屿犹如一座巨大的花园,被绿美包围,被大海环绕,被山林收藏。

▲ 野狸岛

进入岛屿的道路就是一座桥。未等我的思绪过多停留，眼前那块灰黑色巨石上红色醒目的"野狸岛"三个字已经从我的目光里一一滑过，在时间的深处滑向陌生和新奇。直到走完那条3公里长拥有青山碧水的堤岸海语路，看到鸥鸟展翅飞翔，感受海岸温婉的风情，我才感觉自己用的不是双脚走路，而是用暖心去度量。

野狸岛不是一座孤独的岛，那些花卉、长廊、驿站、路亭、大剧院、霓虹灯都储存在它的皱褶里。在人们的面前，一节一节地铺展和呈现。

野狸岛面积约58万平方米，是离珠海市区最近的岛屿，通过一座进岛的海燕桥和一座出岛的新月桥与城区相连。它的形成甚至经历了亿万年。岛上的山林保持原有生态，那些阴香、山乌桕、台湾相思树郁郁葱葱、绿意盎然。站在观景亭，近看香洲的城市风景，远眺港珠澳大桥；山下周边绿地种植不同季相的开花乔灌木，呈现四季分明的岭南园林景观，成为城市的靓丽公园。

因为与城市陆地距离太近，岛屿的属性已经模糊。即便"野狸岛"的名字被"名亭公园"取代，成了外地游客按图索骥的字眼，但我还是喜欢"野狸岛"的称谓，因为它像狐狸一样机灵、野趣、妖媚，更吸引人。

从空中俯瞰，野狸岛就像一只巨人穿着跑鞋准备起步的大脚。而它的小腿上，就是日月同辉、珠联璧合的大剧院了。我甚至在想，这只大脚，是不是伏羲皇帝的生母华胥氏，在经过南海时看到珠海的蓝天白云、青山绿水、鸥鸟飞翔，忍不住停下了脚步，不小心踩出来的巨大足迹？

我很惊诧于整座岛屿的开发建设和城市的超前布局，它是如此的迷人、和谐和美好。我不得不花些时间再次梳理我的思绪。倚着不锈钢栏杆观望，海浪拍打着礁石，发出噼噼啪啪的声响，溅起的浪花轻盈跃起又落下。在岛屿跟城市间的这片海域，很多渔船已经抛锚，或许他们出海刚回来，或许在为下一次出航做准备。而鸥鸟呢，没有喜怒哀乐，它们在天空忽远忽近地飞翔，像是在寻找渔民漏下的渔获。再远些呢，以情侣路为界，一幢幢鳞次栉比以灰色、浅蓝色为主色调的高楼建筑坚硬地矗立起来，像海市蜃楼，与蓝天白云融为一体。

　　沿着海语路碧道逆时针行走，各具情态的游人陪着我，有骑共享单车的情侣，也有背包走路的游人；四周的杜鹃花、黄菊花、异木棉、椰树、剑麻陪着我，特别是那一长溜的禾本科芦苇，长势良好，我左看右看，弄不明白是啥植物，如果没有标牌说明，还以为是高粱呢！还有如缕的海风，它使身体弥漫了一层湿漉漉的凉意，让我的心胸变得开阔起来。我的足音如一串音符，每走一步，就会奏起悠扬的短歌，激荡着流逝的青春。

　　我的目光转而注视身旁的那架立式望远镜，一对母子鼓捣着，我问他们望远镜里能看到什么，母亲笑着说，看到远处的港珠澳大桥和桥上穿梭不停的车流。我顺势望去，烟波浩渺，迷茫的伶仃洋只看到海平面上像是鱼骨的长桥。

　　低头望向脚下的海堤，海浪拍打着沙滩和防波石，有无数小螃蟹和跳跳鱼钻了出来，它们在洞口忽东忽西，或一个独往，或两个追逐，也许它们在觅食，也许它们在恋爱，身披黄沙，脚踩潮水，无拘无束。

　　我无法不被风姿绰约的海语路所吸引，它是诗人和恋人的抒情地，是游客和闲适者的健身场。此时，我发现脚下五颜六色的路面不是常见的水泥地或青石板，而是透水砖。后来才得知，这条碧道的建设采用海绵城市的设计理念，通过建设雨水花园、渗透铺装、蓄水池等绿色雨水基础设施，在路面使用此砖，就能实现雨水下渗、滞蓄、净化、回用。

　　野狸岛还设置亲水栈道和环行自行车道，配置游客服务中心、风雨廊、唱晚亭、休闲驿站等节点服务设施，充满山海城市的独特魅力，成为自然野趣与人工秩序相容共生的生态智慧岛、市民休闲地。

　　晚风吹拂，天空飘来丝丝细雨，蔓延到衣服上、脸庞上，但人们还在自顾自地骑车、跑步、拍照、说笑。我与朋友无暇顾及，尽情忘掉所有的烦恼，陶醉在大自然的馈赠和生活的惬意里。

　　走走停停两个小时，最终到日月贝——珠海大剧院，这座绽放在香洲湾碧海蓝天中的建筑。在广场上，我动情地行走，从不同的角度感受日月贝的启阁，并对比之前在网上刷到的视频，寻找最佳观望点。大地沉寂了，太阳和月亮舒展姿态。

　　珠海人享受时光的态度，和那贝壳上释放出来的激情和光彩，都让我十分羡慕。一座城市拥有这样的美景，这座城市就成了可以留下来的地方。

　　到野狸岛的车来来往往，走海语路的人熙熙攘攘，日月贝里音乐会流淌出来的韵律，在山水之间顾盼流连。

日月贝大剧院

庆幸没有错过日月贝，当古典戏剧和现代音乐交织演绎在贝壳褶皱里的时候，我滚烫的脉搏随着音乐的节奏不停跳动，并回响在充满青春芳华的野狸岛的天空。

我有多次开车从情侣路经过，黑夜却隐去了我接近日月贝的过程，它只能在我的眼前忽隐忽现。直到那个温馨的夜晚，我才掀开它的盖头。

"渔女珍珠意，香炉日月心。海岛生奇迹，霓虹染衣襟。"2017年元旦，珠海大剧院——日月贝，这座绽放在香洲湾碧海蓝天之间的建筑，以最美的姿态，成为全国唯一建在海岛上的艺术殿堂。据说，日月贝大剧院是北京大学教授、中营都市总设计师陈可石主持设计，设计灵感来源于名画《维纳斯的诞生》。爱与美的女神诞生于贝壳，成长于大海，发迹于人间，演绎着"珠生于贝，贝生于海"的海洋生命哲学——珍珠的诞生本身，就是时间铸就的美，也是事物生长的源。

日大月小的贝壳造型耐人寻味，贝壳洁白，纹理清晰，半透明的外墙美而轻薄，为城市的生机添上轻盈、灵动的一笔。大、小两座剧场在巧妙的空间处理中实现了优雅与热烈的错落和互补，与整个周边的环境融为一体。

从外部看，贝壳微微张开，在艳阳的照耀下闪着光泽，似乎要释放怀里的珍珠，让我们认识到生命与天地自然相连的本质。从内部看，纵横交错的钢架结构别出心裁，按照建筑声学原理设计施工的环境，让优美的乐声能浸润每一位观众的心田。

▲ 日月贝大剧院

　　日月贝外墙运用声、光、电、水、影、乐等元素进行展示，七彩的灯光让场面震撼而浪漫。白昼时，两扇欲开欲合的白色贝壳所散发出来的万种风情，在渔船和鸥鸟的陪衬中，随着海水的粼粼波光摇曳。蓝黑的夜晚，射灯闪烁七彩的光芒辉耀整个夜空，璀璨耀眼。而倒影投射到水面，更是美轮美奂。特别是贝壳面的巨大LED屏幕展现的人物和景象，充满艺术情调和视觉冲击力。日月贝吸引了无数游人成群结队而来，它以这样的文明和荣耀，进入我们的生活。

　　日月贝精彩实现了"有生命的建筑"的理念，并恰如其分地成为契合自然的城市文艺心脏，衍生出妙不可言的都市文艺气息。它不仅是珠海文化艺术的殿堂，更是城市的灵魂宣言。一年四季的国际级艺术盛宴，带着所有人的音乐梦想，驶向蔚蓝的深处，孕育出不凡的城市品味。

　　怀着对日月贝大剧院的好奇与仰慕，2022年11月的一个晚上，我与朋友相约去看昆剧《牡丹亭》，切身体会这个大剧院的魅力和剧情的悲怆。无论是前排还是后排，剧场的影像效果都很好，让我很快进入剧情。这是一部歌颂青春、爱情与生命的剧目，带来自古流传的"情不知所起，一往而深"的深刻体验。这一段旷世的人鬼恋情，有着超越生死的力量，我被舞蹈美、音乐美、人情美的剧情艺术所感染而泪流满面，朋友也是情不自禁，掩面抽泣。

同样的剧目，回想2018年1月，我在北京鲁迅文学院学习，当时的邱华栋院长组织我们少数民族作家班的学员到国家大剧院看《牡丹亭》。那晚寒风凛凛，但同学们的热情很高，人生第一次（或许是最后一次）走进了那个"巨蛋"的大门，感觉很新奇和自豪。排队、检票，进入蛋体内拍照。沿着旋梯走向半圆形大剧院的二楼，落座、看戏，大家由兴奋激动到开始投入。随着剧情的发展，内心的平静渐渐转为感动，大家一个个泪洒剧场，久久不能平静。珠海大剧院与国家大剧院各有特色，但中国人所具有的文化底蕴和对传统文化的认知是相同的，都深深地镶在骨子里。

文艺和时尚的气息，从未局限于室内的场馆，而是弥漫在一片开放的空间。珠海人让水来围拢自己的生活，浮动的水流像万花筒变幻不止，水不仅影响了建筑，还影响了人，抚平了内心的躁动。在日月贝逛够了、玩累了，时间也不早了，就想找个地方吃饭休憩。此时的海韵城就像是一艘行驶在大海里的游轮，充满浪漫和诱惑。

我们在海韵城的星空海景寻到一家食铺，专营铁锅烤蛙，套餐精致，口味丰富，有经典麻辣味、牛油黑椒味、泡菜芝士味等，还包配菜和白饭。我们要了麻辣味的，想在冰冷的冬天来点刺激和温暖。坐在方桌旁等候时，外面下起了毛毛细雨，店铺进来一些食客，服务员便好心招呼进屋。不一会，烤蛙上来了，一大锅，很震撼，热气腾腾，香气四溢，这哪是两个人的分量啊！一口咬上，其味鲜美，烫嘴也顾不得了，我与朋友不再顾忌，筷子很利索地挥动起来。

吃罢，天色黯淡下来，外面的蒙蒙细雨已经停息，向餐厅走廊望去，一些人慢吞吞地离去，一些人又急匆匆地进来，似乎海韵城的夜生活才刚刚开始，日月贝正闪烁着霓虹的光晕。

  那晚本想再去大剧院里看看，因为负一层的广告牌上写着"海岛夜市音乐节"。但朋友却说："到现在还不认识的，就不要再去认识了。"我有些摸不着头脑，也累得似乎比空气还轻，我们在海韵广场窜来窜去，最后站在广场边的玻璃围栏旁，再次感受日月贝的灯光美和浪涛拍岸的喧嚣声，然后开车经新月桥离去。

一座书城

博尔赫斯在《通天塔图书馆》里把宇宙想象成一座巨型图书馆，收尽了人间所有的书，而且没有任何两本书是相同的，图书馆配有专职的管理员，为找到一本书在图书馆里疲于奔命。有人相信有一本书是所有书的总和，但找了100年也没有找到这本书。

博尔赫斯是个小说家、诗人，做过图书馆的馆长，他对图书馆的想象是无穷尽的。当然，那是100多年前的想象。现在，偌大的图书馆，我们只要开启电子检索，就会很快找到想要的书。那一本所有总和的书也是有的，不就是一台电脑吗？

与博尔赫斯设想不同的是，在珠海有很多独立的书店，已然成为这里最美的人文风景之一。阅读快乐，在这个城市里真切可感。公园门口、巴士站旁、老社区的中央、棕榈树下、大宗祠里、伶仃洋岛上……在珠海，只要转个身，就会有一扇门触手可及，里面是咖啡与书香蒸腾出的宁静世界。如果想看书，找一张小桌坐下，拿一本书翻开，一天的生活就这样开始了。

博尔赫斯或许也没想到，那座遥不可及的通天塔图书馆，就分布在今天的珠海，以一条电脑线连接着，像通向宇宙的天梯。

1993年，新华书店旗下的文华第一家门店在拱北开业，成为珠海人心中的一处地标。在还没有民营书店的时代，珠海的文华书店就已走向市场，在国内很多城市里拥有一席之地。那时，书店的经营者们不曾经历在网络阅读和电子书的大潮流里难以为继的尴尬，书店与这座城市的相遇，就是一场狂风暴雪中的春暖花开。

2013年前，伴随民宿的发展，小而美的独立书店在珠海如雨后春笋，有的深藏在老房子里，有的生存在大学校园中，在自由、开放的空气中繁花似锦。

一个城市需要有一个"公共客厅"作为"容许逗留的地方"，让人们"相濡以沫"。珠海人很幸福，因为城市里有很多这样的"客厅"，休闲与读书，让人暂时离开自媒体时代的喧嚣，与书本"忘情与共"。

2014年，华发集团旗下的复合型精品书店"阅潮"登场，再次为珠海的阅读文化增加了温度，让那些独自坐在榕树下或河岸边的读书人成了这座"阅读之城"的灵魂守望者。阅潮不只是卖书，也鼓励阅读，追求精神品质的提升，让每一个走进书店的人带着记忆和全新的心境离开，又带着期盼返回。阅潮以宏大的体量、有人文气质的精心设计、精选的书目和妙趣的文创产品，与城市文化精英跨界合作，与贴近城市生活的读者互动，很快进入中国书店业第一阵营。开了旗舰店之后，阅潮承担起了市政府发起的市民阅读推广计划，开设一家家社区书店——阅潮华发旗舰店、阅潮岛上书屋、阅潮金海岸店、阅潮狮山店、阅潮会同店。

十年磨一剑，现在的珠海出现了人气极佳的各类书店：北山停云书房、梅华路时光书屋、海韵广场书笙馆、半岛二路无界书店、拱北文华书城、湾仔沙新华书店、斗门悦来书店、金湾三灶书店、北师大书巢、唐家湾博扉书房、东澳岛山海经书屋……这些书店也有着自己的故事。

在2023年6月江苏卫视与珠海万发集团拍摄的纪实类读书节目《我在岛屿读书》第二季中，在珠海东澳岛上，余华、苏童、程永新、叶子这四位山海经书屋主理人迎来了当代作家阿来。他们走在飞鹰栈道上，在森林与大海的簇拥下徒步，远离喧嚣，看山观海，一同体会自然的美好。阿来不禁感叹说："海是漂亮的，有点像台湾的垦丁。"沿着飞鹰栈道往书屋走去，在这座书屋里，几位文坛好友围坐在一起，聊文学、聊写作、聊曾经发生的趣事，时不时发出阵阵爽朗的笑声。余华说："在这看书……"阿来便默契地接上一句："风就帮

▲ 停云书房

我翻页了。"岛屿书屋的精巧设计，让作家们齐齐称赞，飞鹰栈道上留下了他们一起漫步的足迹。

杨伟达是土生土长的北山人，小学就读于北山小学，中学就读于南屏中学。2016年，杨伟达回到北山，在杨氏大宗祠内开办了一家独立书店——停云书房，该书店曾获得"珠海最美书店"称号。

时常被华发商都那个长340米的巨型天幕所吸引，抬头就可以看到明朗的天空。但这不影响我对阅潮华发旗舰店的追随。踏进自动扶梯上到三楼，书店1798平方米，如同港湾一般等着每一个爱书之人去停泊。书店空间布局由宽入窄、由低入高，一步步把阅读引向深入。文学类图书被放在一个半独立的空间里，柔软的沙发和灯光间，仿佛全世界的作家们都围在你身边讲故事。

我是在海韵城偶遇书笙馆的。那天目的是欣赏日月贝，不想跌入海韵城的韵律中。书韵如笙，在鼓着海风的露台上，走进有书、有咖啡、有音乐的书笙馆。但音乐是主旋律,在书店的音乐唱片阁中,可以找到很多古典或流行的唱片。书店设计将户外的回廊、亭阁、庭院、屋檐引入室内,制造了一个户外阅读的舒爽气氛。1000平方米的空间里,除了书、唱片和文创产品外,还为适应日月贝地标建筑旅游、观光功能而特别设置亲子区,周末和假日里,书店成了全家人共享阅读之趣的完美天地。

读一本好书,就像与知音对话,久久难以忘怀。试想着有一家24小时营业的书店,有一片阅读区,任何人都可以手捧一本心爱的读物,安静地沉浸在书的世界中,那是何等的惬意。当夜幕降临,那些无处落脚的旅人、无家可归者或受考试煎熬的学生,又是何等的感动和温暖。

还真有这样一家书店——湾仔沙新华书店。白天的幕布还没关上,晚上又是书店满座,直到凌晨,总有不想回家的人推开这扇门。楼梯入口处贴着《深夜食堂》的云吞广告,总能撩起都市夜归人读书到天明的欲望。深夜的凤凰南路,只要红绿灯还在闪烁,24小时书店的logo时钟盘面就不会停止发亮。

走进阅潮会同书店,随着历史与现代一同呼吸。书店开在一间百余年的大祠堂里。在青砖、灰瓦、金檐、彩塑的空间里,充满了传奇和浪漫的文化基因,每一场阅读,都是一次与历史的碰撞接触。我问店员客源和收入,她不假思索:"阅潮的客源主要是旅游者,收入来源于三个层面:一是卖文创产品,二是卖咖啡,三是卖书籍。阅潮的文创产品来自书店的定制,是设计师原创;咖啡由来自台湾的咖啡大师打理,细腻而浓烈;书籍借阅的比较多,有本经济学类的著作卖得还可以,叫《置身事内》,购书者多为年轻人。"惊诧之余,我想这些年轻人应该是附近几所大学的学生吧!他们需要精神的寄托,更需要知识的积累。

买书不是重点,阅读才是目的。阅潮会同书店已成为旅游观光者和文艺青年的打卡地。

没有态度的书店不会是好书店,阅潮选书认真、及时,高尚但不生僻。每周的文化活动都由书店精心策划,一人一书一城,书与城市生活在这里高度融合，书店帮助城市打开记忆，也帮助城市保留记忆。

在文天祥吟诗长叹的外伶仃岛上，店长推荐的书单总有加布瑞埃拉·泽文的《岛上书店》，这家现实版的"岛上书店"成了很多游客行程中的一站。从此"没有谁是一座孤岛"，因为每本书都是一个世界，成为小岛心灵的净化器。

一座城市的书店就是这座城市的气韵和性格，你爱不爱这座城市，也就取决于你与书店相遇的一瞬间。珠海是一个让人能放松地停下脚步休息片刻再继续行走的地方。只要你爱阅读，总有一家书店适合你。书店是一盏盏路灯，总有一盏能照亮你回家的前程。

大学小镇

唐家湾镇在宋代就开始有了正式的文字记载，直至近代风云史迹大量涌现。比如会同村，历史走过那么多年，背山环港，处势不凡。当北京师范大学-香港浸会大学联合国际学院（中文简称"北师港浸大"，英文简称"UIC"）从2005年的金凤路28号搬迁到2017年的金同路2000号，它方块式的造型，堆砌成迷离、繁复、立体、现代的建筑，像一堆积木矩阵，让我失去了鉴赏的底气。

这是一所大学与一个岭南古老村落的相遇和相融，也是传统文化和精英文化的一次相互浸润。因为有了这间大学，清代碉楼、祠堂和民居不再幽暗和沉寂；因为厚重的历史积淀，这间大学才有了灵魂和质感。不同国籍的老师们在书店、咖啡店里看书、聊天；不同地域的学生们把村里的一景一物拍进视频电影，使之成为打卡地；多情的艺术家们用笔墨将历史和文化焊接起来，以展示他们的梦想。大学和古村的边界变得模糊，"大学小镇"的完美结合在不知不觉中成就了古村，也成就了大学。

100多年前，中国第一个留美学生、珠海南屏人容闳曾经豪情万丈地说："我决心要做的事情是让人应当享受与我同样的教育利益，这样通过西方教育，中国将得以复兴，变成文明富强的国家。我的志向就是去实现这一目标。而此目标犹如一颗明星，时刻指明我前进的方向。"他想用西方的教育，来熏陶东方人的气质，于是有了"西学东渐"，在1872年8月11日，带领首批30名幼童启程出洋，到美国耶鲁大学留学。

大学，对珠海来说曾经是一个遥不可及的梦。珠海人明白"没有大学的城市没有未来"的道理，尽全力打造属于自己的大学。但是建立一所全新的大学不仅是钱的问题，需要教育品牌、教育人才和学术积累。于是，珠海用引进国际国内名校开办珠海校区的方式，让城市进入高等学校的快速发展期。

1998年，暨南大学率先进入，珠海有了第一所全日制高校。1999年后，中山大学、北京师范大学、北京理工大学、香港浸会大学紧跟而来，而且入驻唐家湾镇。直到今天这座海滨之城拥有十所国际国内一流大学入驻，成为大学生数量占城市人口比例极高的城市。每年的毕业季和入学季，这个大学生人口占了近10%的城市感伤于夏季，绚烂在秋季。因为13万莘莘学子的到来而兴奋，也因为离别而忧伤。每年的返校期和假日期，机场、车站匆匆的人群里闪烁着青春的气息和向日葵般的面孔。

在这座处处演绎青春芳华的城市里，无山不成校，无水不成楼。每一所高等学府都是建筑与山水的纠缠和舞蹈，或面海而起，或依山而立，或临湖照影，或树荫如海。板樟山、青龙山、凤凰山、观音山、赤花山、登山峦、吹海风、晒月光、说心事……走进每一所学校都是一次山与海之间的美学穿越，日夜沐浴在山海之境的自然环境中。

北京师范大学珠海分校（简称"北师珠"）坐落在唐家湾金凤路18号的凤凰山麓，没有校门，不设禁地，校园入口只是六块近一人高的花岗岩石，厚重的校名用毛体草书龙飞凤舞阴刻其上，坚定地叙述着学校"学为人师，行为世范"的育人宗旨。

北师珠被山谷怀抱，山谷里湛蓝的天空和洁白的云朵演绎着独特的"北师蓝"。六月晴天，山上的阴影衬托出凤凰木的轮廓，校园的一切，都在"北师蓝"的映照之下自成一景——丽泽湖的蓝、荷香湖的蓝、蜻蜓湾的蓝。走进校园，满眼尽是青山草坡，空气中弥漫着花开的味道，高耸的榕树、凤凰木和柏树，叶子里蝉声如潮。走在操场边的小路上，一片接一片的野花和叫不出名字的灌木无拘无束地生长。看着树下湿润的泥土，仿佛一脚踩下去就能冒出一汪清泉，这就是青春的活力。与百年沧桑的北京主校园相比，它的生命如此年轻。

即便是二月的寒风，也没能阻止学生们奔放的热情和参与社会实践活动。此时，我正在会同古村二巷共享庭院，感受由会同社区党委、会同社区双百社工点与北京师范大学会同书院、乐育书院共同举办的"大学小镇同乐市集"，他们通过音乐茶座和派发传单的方式，来唤醒市民和游客对环保的重视。

每次经过港湾大道，不是被唐家湾的风吹拂着，就是被凤凰山的夕阳映照着，更是被中山大学珠海校区的红墙绿瓦实验大楼感染着。首先映入眼帘的是亚洲最长教学实验大楼，长571.2米、宽37.2米，设计者挖空心思，卧龙式结构、挑空的走廊和大厅是为了适应漫长而炎热的岭南夏季。这个特色建筑群映衬着唐家湾滨海线上的碧海蓝天，人文气息扑面而来，欢喜与忧愁都可以在这个20000平方米的露台上与漫天繁星和浮云分享。我甚至在想，天台凭海临风，要是在这个露台上约会，如何才能准确找到彼此的身影？不过，众多的学生还是选择穿行在巨大的榕树荫下，绕过岁月湖、隐湖、若海、汤水湖，听取蛙声一片，来陪伴校园的青葱岁月。

认识北京理工大学珠海校区（简称"北理珠"）是从一个同学开始的。他是北理珠材料科学与工程专业即将毕业的实习生，在会同驿站工作。我多年未到古村了，需要了解更多情况，他便主动成为我的免费导游。末了，我请他吃会同最有名的"泥煨鸡"。菜已上桌，不巧，他接到一个电话，需要马上回去处理文案，就告辞了，他就是这样一位硬朗之人。北理珠的建筑有一种艺术之美，就像校园山坡上的明德楼面对明德湖，楼前线条硬朗的混凝土装饰结构彰显理工大学的硬度和质感，立方体框架把南国的阳光切割成利落的几何形状，连投影都是满满的结构之美。

当然，北理珠也有自己的柔情万种——令人嫉妒的泳池，蓝白色的电瓶车，宿舍区里繁华的星梦街，还有月牙湖中的一片小树林，那是去千遍也不厌倦的"读书岛"。夏季来临时，湖边的树上总是挂满酸甜的果子，正应了毕业离别的滋味。北理珠的门口就是广珠城轨唐家湾站，一个小时就可以到达广州。在车站告别，似乎因为这便利而缺少了相送的缠绵，却也算是北理珠独有的硬派作风了。挥一挥手，相见不如怀念。

这几所著名的大学，都在唐家湾小镇上，或坐卧在群山绿野间，或伫立在海边沙滩旁。除此之外，珠海的大学还有暨南大学珠海校区、吉林大学珠海校区（现为珠海科技学院）、广东科学技术职业学院、珠海城市职业技术学院、珠海艺术职业技术学院等，它们要么拥有一片海、一座山，要么像微缩版的江南园林、南洋风情。它们也都各有所长，成为企业的人才库，成为城市发展的原动力，成为精神文化的传播者。

关于城市的文化氛围，梁晓声在一次与北师大的学生对话中坦言，在以前的印象中，珠海就是一座海边的"珍珠般的小城市"，美而静谧。现在珠海悠长的海岸线、现代化的城市建设让他大开眼界，"甚至在视觉上很受冲击"。同时，也让他想起了法国的马赛，但相比于只有一所大学的马赛，珠海却有多所重点大学，形成高校"集聚效应"，这在全世界都是少见的。"珠海有一种浪漫、文艺的气息，我期待这里可以产生别样、全新的'中国故事'。"

珠海的年轻，不仅是年龄和思想上的，更是智力和素质上的。高等教育的兴盛，为这座年轻的移民城市注入源源不断的新鲜血液，大学让城市有了自由、青春和不羁的元素。正是有了这些年轻的血液，城市才有了无边际的创意、奇特的个性和青春的笑容。

这种城市人口的深层次变化，将远远超越教育生态体系本身。容闳曾经预言过的"日趋于文明富强之境"的中国正在成为现实。

第三辑

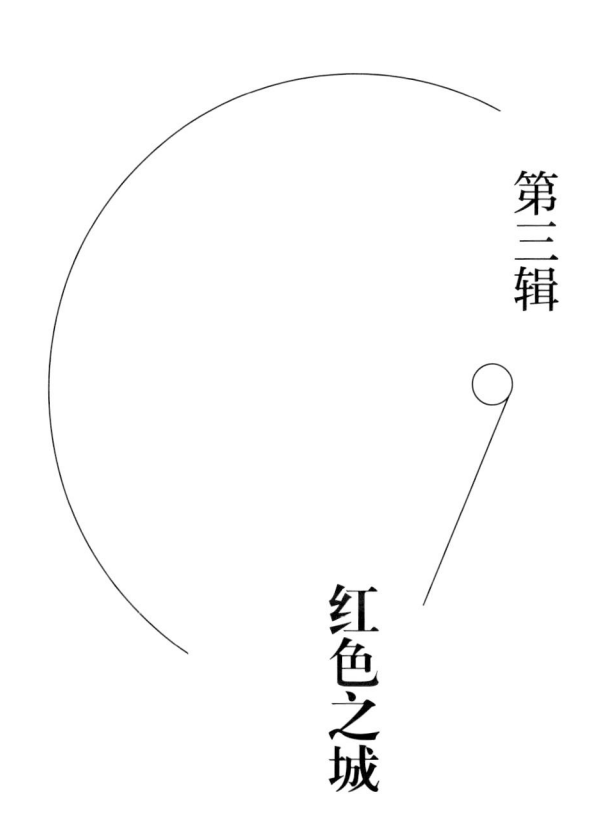

红色之城

珠海有着光荣的革命传统。在革命战争年代，老一辈革命家在这里留下了光辉的战斗足迹，缔造了反帝反封建的革命精神。1924年叶剑英在香洲组织、训练建国粤军第二师新编独立营；1926年中国共产党领导珠海东岸、南屏、上栅等地农民运动；杨匏安成为马克思主义的传播先驱；苏兆征成为中国共产党早期的重要领导人；林伟民成为工人运动领袖……一段段尘封的红色记忆被唤醒，一场场惊心动魄的斗争浮现在眼前。那些峥嵘岁月，已然相传在历史的记忆中，也留存在现代的博物馆里。

信仰的力量

慷慨登车去，临难节独全。

余生无足恋，大敌正当前。

投止穷张俭，迟行笑褚渊。

者番成永别，相视莫潸然。

我想要去北山村杨氏大宗祠，是从读到杨匏安于1931年创作的这首《狱中诗》开始的。他在敌人的威逼利诱面前从容不迫，和面对死亡无所畏惧的气节，让我动容。

同时，也是受到广州杨匏安旧居、原为杨家祠（泗儒书室）的历史感染。杨匏安旧居始建于清乾隆三十七年（1772年），坐北朝南，两进三开间。西边为杨家祠道，紧邻两广总督署（今广东省民政厅）；东边为新丰街，前临司后街（今越华路）；后边为兵营。这个旧居，是中国共产党早期优秀理论家和杰出革命家杨匏安在广州的主要居住地，也是大革命时期中国共产党在广州的重要活动据点。

离开喧嚣的广州，回到慢节奏的珠海，杨氏大宗祠雕梁翘檐、穿风过云100多年。它始建于清朝同治七年（1868年），占地面积8838平方米，建筑面积2520平方米，规模宏伟，富丽堂皇，可以说是中原古建筑与岭南古建筑艺术结合的典范。

只要一踏进这幽静之地，那些高楼、车流就仿佛远去了。大宗祠不是孤立的存在，门外的院子用矮墙围成左右两个绿色花园，分别耸立两根旗杆和一对石狮，它们在绿植的簇拥下傲视群雄。穿过中间的石板路，便是宗祠的主建筑了。大门上方悬挂着"杨氏大宗祠"的牌匾，两旁是"源分东汉，秀毓北山"的楹联。一层意思是说北山的风光秀丽，另一层意思是说杨家源头来自中原。宗祠内收藏有一块"诰命"牌匾，是同治皇帝赐封杨家的，彰显着杨家将昔日的荣耀。推开油漆脱落的门环，两扇大门上是一对门神，形象威武，很有杨家武将的气度。

走进宗祠的庭院，身后是斑驳的老墙，脚下可以踩到从墙边延伸过来的青苔，头上或者是厚实的云层或者是柔和的阳光。最不能忘记的是眼前的四株百年玉堂春（紫玉兰），当院子里的玉兰花香溢满村庄之时，预示着珠海的春天就真的来了。这些玉堂春，先开花后长叶，紫色的花朵质如玉、形如盏，映衬着暗红的花格窗棂、珐琅彩的漏窗和琉璃瓦大屋顶，热烈而柔美。据说，这四株玉兰是清道光八年（1828年）北山村的杨家花费500两银子从江南买来的，除了表现家族的繁盛，也多少有一点对家乡的念想。

与江南移植来的玉兰相映成趣，宗祠后的百年南国木棉也相继绽放。树高入蓝天，几棵杜鹃缠绕着木棉，攀树生长，显现出勃勃生机。

杨氏大宗祠五间三进夹两天井的四合院格局中，巧妙的是从门厅开始由外向内逐步抬升，天井与房子之间存在微小的高差，不经意间圆了步步高升之意。宗祠建筑构架是由硬山顶、青砖墙和抬梁与穿斗混合木结构构成，稳重扎实，四周还有花园、池塘。最吸引人的是建筑中的岭南元素，建筑细节部分采用大量砖雕、灰雕、木雕、石雕工艺，恰到好处，艳而不俗。几面巨大通透的瓷窗釉色明亮稳重，红底描金的木雕玲珑剔透，用色极其大胆。砖雕主要用于屋檐，精致优雅，岭南特色的灰雕则多被用在屋顶的脊梁上。

除了杨氏大宗祠，在北山村还隐藏着保遐杨公祠、澄川杨公祠、龙溪杨公祠、秋崖杨公祠、章成杨公祠、景辉杨公祠、北山会馆等建筑。近年来，北山村吸引了一批文化人进入，他们在保持、修复古建筑的前提下为北山注入了丰富多样的文化业态,把这里变成了一个文艺青年创业聚集地。

北山村在外地人眼里没有杨氏大宗祠有名气,村落随着岁月的变迁和村民的生息,许多烙印都已烟飞云散。只有杨氏大宗祠的墙上、地上、花上、树上都在默默地撰写着历史,记录着生命的每一天。

北山村大多地方充满热闹的气氛,而杨氏大宗祠则是安闲静谧,一个热闹一个安静,遥远的时代和现代气息在这里交错。与杨匏安陈列馆工作人员交谈时,她如数家珍地讲述了杨家人那些辉煌的历史、那些趣味的轶事,从中可以感受到北山人因为有杨匏安而自豪。

除了历代的武将、官员,杨氏大宗祠的历史厚度也来自一位中共党史上的重量级人物——杨匏安,他1896年11月6日生于珠海市北山村。杨匏安出生时家道已中落,父亲以贩卖茶叶、瓷器为生,长年卧病,母亲以缝纫维持贫寒的生活,并尽力使杨匏安从小就得到较好的国学熏陶,使他考入广东省立第一中学(今广雅中学)。中学毕业后他回到母校恭都小学任教,不久因揭发校长贪污反遭诬陷入狱。经其母全力营救,杨匏安出狱后东渡日本,寻找新生活。

杨匏安在日本半工半读,阅读了大量欧美近现代书刊和各种思想流派的著作,开阔了眼界,思想观念发生了很大的变化。1916年他回国成婚,婚后到澳门当私塾教师,继续接触并翻译西方思想著作。1918年杨匏安举家迁往广州,到时敏中学任教,受聘兼任《广东中华新报》记者。杨匏安敏锐地站在新文化运动潮流之前列,积极传播西方的心理学、美学、哲学及各种社会主义思潮。

五四新文化运动时期,杨匏安发表了一系列介绍马克思主义的文章。1921年春夏间,杨匏安加入中国共产党,积极参与早期中共党、团组织的建设,并投身工人运动。为支持五卅运动,杨匏安与邓中夏等赴香港配合苏兆征发动了省港大罢工,遭港英当局关押50多天,后被"驱逐出境"。大革命时期,他担任国民党中央组织部代理部长等职,巩固和推动了革命统一战线。作为中共党内最早的监察干部之一,他曾任中共广东区委监察委员会委员、中共中央监察委员会副主席,为党内监察事业做出贡献。1931年7月15日,因叛徒出卖,杨匏安在上海被国民党反动派逮捕。面对敌人的屠刀，他铁骨铮铮，威武不屈，慷慨就义，时年仅35岁。

　　杨匏安的一生是短暂的，也是光辉的。人们可从他的思想中感受真理的光华，从他的业绩中受到历史的震撼，从他的精神中得到品格的激励。杨匏安的精神遗产，依然在辽远的历史星空中闪烁……

▲ 杨匏安陈列馆

淇澳岛风云

从地形图上知道，淇澳岛位于唐家湾的东北面，珠江口的西侧，全岛面积23.8平方公里，四面临水，是扼守珠江出海口的咽喉。

在我的想象中，淇澳岛环海归帆，风光旖旎，是大海用一条优美的弧线在唐家湾划出的一座绿美花园，没人知道它究竟隐藏着多少历史的秘密。

我站在淇澳大桥上，倚靠栏杆，目视远方，试图想象当年在此发生海战的情景。

关于淇澳岛的人文历史，有如下记载：在清乾隆以前有被其他姓尊为村主的梁、范两房和钟、蔡、姚、黄等九姓，但只留下了《钟明山房家谱》，始祖于南宋淳祐四年（1244年）因避皇妃之祸，由南雄府珠玑巷迁来淇澳村开基。由此可以断定，淇澳村民的始祖来自南雄珠玑巷，之前则为躲避战乱的中原人。

正因为淇澳岛重要的地理位置，又直面变幻莫测的海洋，西方文明夹杂着恶浊一起席卷进来，那时海洋的形态就像洋人的心态，警觉、敏感、自尊拌和成一团驱之不去的烟雾，在岛屿上空阴魂不散。

数百年来，淇澳村民以打鱼为生，具有淳朴而强健的风骨与性情，没人轻易闯入他们的世界。当金星门成为南来北往的交通要道，海洋作为开放、流动的天赐福缘展现在唐家湾面前时，这座岛屿冲破迷雾，显露出现代文明的第一缕曙光。

走进淇澳村，会读到很多文化的肌理，看到很多历史的遗迹。这样真切的画面，正在一点点掠夺我的大脑皮层。

清顺治十八年（1661年），郑成功攻打侵占台湾的侵略者，势如破竹，次年收复台湾。为了战略的需要，清政府发布了"迁界令"，强迫从山东到广东的沿海居民内迁50里。1662年首先逼迫包括淇澳岛的村民迁移，由于淇澳是海中的村落，地理位置极为特殊，政府鞭长莫及，直到1684年才最后迁界。此时的淇澳岛，还是一片祥和、静谧的气氛。

但是，当一群深目高鼻、满面胡须、毫无道德标准、绝非绅士的英美商人走私云集的时候，黄金水道金星门洋船泊岸、波诡云谲。

走进古炮台遗址，我触摸身边那些锈迹斑斑的大炮，隐约中又听到340年前台湾岛外的隆隆炮声。1645年在淇澳村出生的钟宝，彼时为香山县县令姚启圣所赏识，被其召为部下。1674年，姚启圣奉命参加平定福建耿精忠叛乱，钟宝等人随姚启圣参战，建立战功。1681年，清政府决定以武力统一台湾，任命施琅为统帅，钟宝也跟随参加专征。1683年，施琅向澎湖列岛发动进攻，因为退潮，兵船无法靠岸，在进攻不利的情况下，聪慧的钟宝献出"泥板技"而大获全胜。之后，他特地从台湾拖回六门荷兰铸造的铜炮，放在家乡淇澳岛上。想不到，150年后，那些大炮再次发出了震耳欲聋的呐喊。

清道光元年（1821年），道光帝颁布严厉禁烟令，把各国原泊珠江内河黄埔港等地的鸦片走私船驱逐到外洋，使内伶仃岛和淇澳岛附近的金星门一带成为鸦片集散中心。为防止夷人的进一步渗透，时任广东水师提督李增率大军驻扎唐家湾，指挥运载沙石堵塞金星门，因水流湍急未果。《香山县志·纪事》记载："东至旗蠹澳一百七十余丈，汪洋巨浸而水浅，西至唐家村一百四十余丈而水深。欲以石余巨舰载沙石塞之，不果。"当近乎绝望的抵抗变成无望的时候，淇澳人以决然的姿态挑战历史的宿命。

清道光十三年（1833年）春，"有夷船来泊金星门，踵至者五十余只"，"淇澳乡人白上官，驱之，乃去"。

其间，外国鸦片贩子在金星门建海军站和煤油站，并在淇澳立标测地，绘制测量图和挂起英吉利国旗，企图"租借淇澳100年"。

同年10月15日，英夷船主马基率众夷乘十余艘武装驳艇驶至马溪海，向淇澳村施放枪炮，村民孙亚福被枪击伤，钟氏大宗祠和天后宫等建筑物也被炮弹击穿。夷人侵袭激怒岛上的村民，大家齐集天后宫前，祭过神、发过誓，构筑防御工事，用铁炮和铜炮（钟宝征战台湾时带回）奋起抗击，毅然与侵略者决一死战。神炮手蔡义弹无虚发，两艘敌船被击中起火，一名英籍雇佣兵被击毙，夷人被迫扯起白旗，投降议和，并赔偿损失3000两白银。后来，淇澳村民利用这笔数目可观的赔款，修筑了一条白石街，它是由暗灰色的花岗石铺筑而成，绵延近两里。如今，这条被风雨和岁月漂洗的白石街，以及这里所发生既辉煌又生动的历史故事，被无数人的脚步不断擦亮。

淇澳岛是一个风云变幻的岛屿，村民不曾屈服的反抗精神在近代从未停止。在白石街的中部461号有一座清代青砖土木结构的普通民宅，建筑面积共68平方米，屋子东边是一面高约2米用蚝壳砌起的围墙，如今已经成为红色之旅的精神圣地。它就是中国早期工人运动的杰出领袖苏兆征的故居。

苏兆征，1885年11月11日出生于淇澳村东溪坊的一个贫苦农民家庭。其父苏厚荣共有七个孩子，三男四女，苏兆征排行第二。因为家境贫寒，苏兆征10岁时一直未能入学。后来，苏兆征读了私塾，经常在村口的古榕树下听村中老人讲钟宝的故事，受到了深刻的爱国主义教育。1903年，苏兆征已是18岁的青年，因为家乡粮食歉收，无以为生，只得背井离乡跟随一帮乡亲到香港谋求生计，并找到了一份从香港到南洋和到世界众多港口的轮船海员工作。在长期的海员生活中，苏兆征认识了孙中山，思想逐渐成熟起来。后来他又参加了同盟会和辛亥革命，领导了震惊中外的省港大罢工。邓中夏评价他："由工人出身而成为这样伟大的领袖，在东方还只有兆征同志一个。"

淇澳岛，是唐家湾人面向海洋开放的门户舞台；白石街，是能敲击出古典回声的历史记忆。面对变幻不定的伶仃洋，还有多少英雄人物端坐在历史视线的上方，完成为大湾区文化赋能的神圣使命？

永远的丰碑

珠海三灶镇最明显的标志大概是位于中心位置的伟民广场了。

偌大的广场地面用青石板铺就而成,并将三灶的文化符号——林伟民青铜雕塑稳妥地矗立在石基底座上。当太阳西下的时候,一抹红霞将雕塑身躯斜射到地面,形成伟岸的影子,我就是这影子旁站着的一位崇敬者。

七月的三灶太阳炽热,尽管广场周边种了许多可以降温的香樟、椰树、榕树、凤凰树、鸡蛋花树,还是顶不住炙烤,我围绕广场转了一圈后,来到广场边的西洋田村路口,走到塑像前,行了注目礼:他雄姿英发,没有扣住的西服外套随风向后扬起,左手叉腰,右手杵着木杖,炯炯有神的目光迎风远眺。他就是早期工人运动的卓越领袖林伟民。

在塑像的旁边,我看到了一口六边形、用青石砌成的龙泉古井。古井的顶部用铁条封闭,深约8米,直径1.5米,距今已有200余年历史。据清道光年间编纂的《香山县志》卷二《舆地》记载:"三灶岛西洋田,去城一百三十六里。"那时的古井龙泉,清澈透明,四季不断。古井景观具有生命力,历沧桑,经兴衰,看无边风月,阅百年河山,孕育了一代伟人林伟民,承载着西洋田沧桑的历史,见证了三灶镇的发展变迁,成为人与自然相互沟通的"天人合一"美好境界的一部分。

塑像边有井,井边有塑像,两景相映,和谐与共,叙述着三灶的历史故事。

1887年,清王朝社会动荡,葡萄牙趁火打劫,强迫清政府签署《中葡北京

▲ 林伟民与中国早期工人运动史迹陈列馆

条约》，正式占领澳门。这一年的农历九月，林伟民就出生在三灶岛西洋田村（现在的鱼月村）一个贫苦农民家里。他原名林兴，年纪稍长时，立志要干一番伟大的事业，遂改名为伟民。林伟明有两个姐姐和一个弟弟，他从小就参加劳动，随父亲种地捕鱼。繁重的劳动，艰苦的生活，使林伟明自幼就养成吃苦耐劳、勤俭朴素的品德。

从一个贫苦的农家少年，成长为中华全国总工会执行委员会首任委员长，早期中国工人运动杰出领袖，林伟民的一生，可谓受尽磨难、跌宕起伏。他积极投入革命事业，为国家和人民做出重大贡献。

距古井约30米处，就是三灶镇新建的林伟民与中国早期工人运动史迹陈列馆。陈列馆按照林伟民参加革命的历史脉络，利用声光、图片讲述他的革命轨迹和他所领导的工人运动。我怀着崇敬的心情，走进陈列馆，慢慢领略林伟民一生的红色往事……

1906年，林伟明19岁的时候，到附近村一家酿酒铺里做杂工。有一次因劳累过度，他的右手不慎落入沸腾的蒸酒锅里，伤势很重。唯利是图的老板不仅没有给他医治，反而解雇了他。在母亲的悉心照料下，林伟民的右手逐渐好转，在乡亲的帮助下，他离开家乡，跑到香港一艘外国轮船上当"侍仔"，从此开始了他的海员生活。

那时中国人到外国船上当海员干的工作都是最低下、最辛苦、待遇最差的，受尽资本家的剥削。据已过世的林伟民之子林俊华回忆："父亲一直当海员谋生，一年待在家里的时间很短，但我对父亲很敬畏。有一次阿姨带我到香港玩，然后上到父亲所在的'皇后'号轮船，船上的中国海员知道我是林伟民的儿子，对我非常热情，一位叔叔还给我做了一顿西餐，这让我深深地感受到父亲在海员当中有着很高的威信。"

在那段日子里，林伟民参加了影响他一生的关键人物——孙中山在海员中组织的"联义社"，秘密从国外运送军火，掩护革命党人，支援国内革命。也正是这段经历，让林伟民成为有理想、有抱负、有民族大义的革命青年。

在孙中山的影响下，林伟民与其他海员一起利用在船上的便利条件，冒着生命危险为革命党人筹措经费、运送物资、传递消息。1922年1月，林伟民领导了有6000多人的香港海员大罢工，推动了中国工人运动的第一次高潮。1924年3—4月，林伟民赴苏联出席国际运输工人代表大会，在莫斯科期间经罗亦农等介绍加入了中国共产党，成为香港海员中的第一位共产党员。同年10月，林伟民从莫斯科回国，担任中华海员工业联合总会驻粤代表、广州总办事处主任。林俊华也随父亲从香港来到广州，并在1925年春节到万福路小学插班读三年级。到广州之后，林俊华才真正与父亲在一起生活。

1925年5月，林伟民在第二次全国劳动大会上当选为中华全国总工会第一届执行委员会委员长，成为早期中国工人运动的卓越领袖。林伟民之孙林建国说："1925年5月我爷爷去上海，组织领导上海海员大罢工。在这期间，家乡的祖母病重，那时刚好又是罢工斗争的开始，也是最激烈的时候，就没办法脱身回去照顾祖母。后来没多久我的祖母去世了，当时我爷爷也是带着十分悲痛的心情，坚守他的战斗岗位没有离开。"

1925年6月19日省港大罢工爆发，林伟民代表中华全国总工会参加了省港罢工委员会的领导工作。他在中华全国总工会省港罢工委员会广州临时办事处，从事接待香港罢工工人、筹措罢工款项等活动以保证罢工的顺利进行。6月21日，广州沙面洋务工人开始罢工，市内其他洋务工人也加入罢工行列。23日，罢工工人和各界群众10万余人在广州东较场集会，追悼上海五卅惨案死难同胞，抗议帝国主义暴行，会后举行示威游行。当游行队伍途经沙基路时，突然遭到沙面租界英法军警的机关枪扫射，停泊在白鹅潭的英、法军舰也开炮轰击，当场打死50多人，重伤170多人，轻伤不计其数，造成"沙基惨案"。为纪念这一反帝斗争，次年沙基修筑马路，当时的广东革命政府将路名定为"六二三路"，附近立"毋忘此日"石碑。

谈到1925年的省港大罢工，林俊华说："其实我也参加了大游行，当时我才10岁，很多小学生都去了。"林俊华回忆，游行队伍先在东较场集合，场面是人山人海，而他的父亲林伟民就坐在主席台上。队伍从东较场出发，经惠爱路，到达沿江路。"当时当我们走到五仙门的电灯局门口时，突然听到队伍前面响起了枪声，老师赶紧让我们原地不动，前面传回来消息才知道队伍游行到沙基路时，英国军警开枪，打死打伤200余人。"其实，在省港大罢工期间，林伟民的腿部骨结核病已经开始发作，林俊华说："父亲生病后，我停止了学业，回家专门照顾他。在父亲病重的这段时间，很多工人来家里探望他，而父亲也是尽力为罢工做些力所能及的事情，并鼓励工人坚持与帝国主义做斗争。"

通过林伟民子孙的回忆，如我这般阅读历史的人，触摸到了当年工运人物鲜为人知的革命故事，不禁肃然起敬。

金湾区博物馆馆长王雪说："由于海上的艰苦生活、长年的奔波、紧张的战斗、繁忙的工作，林伟民腿部的骨结核病在省港大罢工期间恶性发作，1925年8月不得不住院治疗。林伟民身卧医院，仍关心和支持着省港罢工委员会的各项工作。1926年1月全国海员第一次代表大会在广州召开，林伟民因病未能出席仍被选为全国海员总工会的执行委员。5月在第三次全国劳动大会上，被选为中华全国总工会执行委员会委员。1927年5月，林伟民病情恶化，被送进医院进行第三次手术。同年9月1日病逝于广州，时年40岁。在白色恐怖中，广州盐船工人冒着极大的危险，偷运出他的遗体进行安葬。中华人民共和国成立后，广东省人民政府把他的遗骨移葬至广州银河革命公墓。"

林伟民是我们早已熟悉的名字，也是撰写中国工人运动史、中国共产党史，乃至中国革命史时都要提到的人物。他是中国工运历史上两场震惊中外的大罢工——香港海员大罢工、省港大罢工的主要领导者。两场大罢工，一从经济罢工起，一从政治罢工始，是中国工人阶级走上历史舞台的重要象征。

100多年过去了，当年那一幕幕风起云涌的工人运动已经远去，它的历史意义和亲历其事的革命先驱让后人永远铭记。三灶林伟民史迹陈列馆，以及广州的"越秀南路""东园""六二三路"等看似普通的城市地理名词，都是工运历史难以割舍的革命遗迹，它们都已成为珠海、广州所特有的历史印迹和城市记忆。

热血染香洲

珠海七月，烈日当头，偏偏我在这个时候去拜谒位于香洲的珠海烈士陵园。

放眼狮山的山野，起伏有致，绵延不绝的山林是天然森林公园。有木棉、龙柏、鱼木、椰树、樟树、榕树、白蜡树，它们是群山美丽的衣裳，在夏日的微风中优雅律动，并带着灌木、植被一起摇曳，把这座山装扮成一个沉着、从容的幽静世界。

陵园入口在香洲凤凰路边，黄瓦绯墙的门楼，朱红栏栅的大门，左右两侧大理石上镌刻着叶剑英元帅题写的园名"珠海烈士陵园"。进入陵园石板广场后，便是一条通向山顶的阶梯式石径。沿石阶而上，一座高大的石牌坊展现眼前，牌坊刻有叶剑英元帅手书的金字"香洲烈士墓"，字体雄浑有力。牌坊两边还刻有一副对联："热血染香洲流芳万载，悲泪沾狮山景仰千秋。"表达了对革命烈士的缅怀之情。

陵园主要由花园、牌坊、瞻仰台、烈士墓、赍志亭、雕像群共六个部分组成。它们各自傍山而立，地高势陡，其间以石阶连通，面向大海，气势雄伟，庄严肃穆。

陵园的主人静静地躺着，在狮山脚下，在香洲大地。遥看苍穹上日升月落，风云变幻；倾听山峦里清风吹拂，树枝摇曳；感受人世间季节更替，喧嚣繁华。云雾氤氲，青山苍翠，27位革命烈士，一躺，就是99年。

我伫立在烈士墓前，默默地看着石碑，深深地陷入沉思，"香洲兵变"的

▲ "香洲烈士墓"牌坊

一幕幕画卷浮现在眼前……

  1924年初,第一次国共合作正式建立。6月,孙中山先生在共产党人的帮助下,在广东建立建国粤军第二师,梅县桃尧人张民达任师长,叶剑英任参谋长。为了巩固政权、壮大革命武装,由孙中山提议,廖仲恺具体指挥,在建国粤军第二师中建立一支新型的革命武装,从粤西一带招募新兵,成立独立营,由叶剑英兼任营长,下辖8个连队,有900多名士兵。除军事训练外,叶剑英亲任教官,为官兵讲授新式军事理论,并辅以实战演习。他还重视对官兵进行政治教育,使官兵们懂得自己是革命党军队中的一员。那些既有头脑,又有军事素养的官兵,常常利用业余时间,到叶剑英营长的住处,一起促膝谈心,听他讲革命道理,讲国内外形势,讲用兵之道。他们还帮助香洲、东坑、湾仔、前山等地的农民建立农会组织,发展革命势力。

  在叶剑英营长的带领下,全营上下革命情绪高涨,军事训练技术提高很快。革命势力的迅速发展,引起了当地封建地主、土豪劣绅的极大恐惧和仇视，粤军中的反动势力也把叶剑英视为眼中钉。驻扎在石岐的反动团长古鼎华，在其主子的指使下，勾结香洲土豪恶霸张学龄、前山土豪陈伯梅和在独立营任司号长的莫应，密谋叛乱。

1925年初，叶剑英随师长张民达东征。1925年4月6日，张民达师长在东征前线牺牲。这伙反革命分子获悉后觉得有机可乘，便制订了内部策反，杀害独立营革命官兵的恶毒计划。4月23日，叶剑英到香洲部署有关练兵工作后，即于26日上午乘船赶回广州。叛乱者以为叶剑英仍在香洲，认为一举杀害叶剑英、摧毁独立营的时机已成熟，便决定在1925年4月26日晚发动兵变。

反动团长古鼎华遂到前山兰埔组织实施，内奸莫应首先在独立营内部挑拨离间，制造事端，迷惑人心。又收买贪图享乐的士官，搅乱全团官兵的思想，从而达到反革命的目的。土豪陈伯梅则以重金聘请两个武功高强的人充当打手。

4月26日下午，司号长莫应接到古鼎华的密令，假借议事，把驻前山的参谋陈雨荣、李公剑、叶少初等军队骨干从前山骗到香洲。当晚12时，辛苦了一天的独立营官兵，大部分已经熟睡。就在这个时候，莫应突然吹响了紧急集合号，官兵们闻号立即起床，迅速冲出营房。早已埋伏在营区周围的叛匪，在官兵忙乱之时，乘机狂叫"杀赤官"，开枪猛烈射击。当场就有许多人倒在血泊中，又有不明真相的士兵四处逃散，有的军官还来不及躲避就被杀害在营房内。一场惊心动魄的兵变，撕破了宁静的夜幕，震动着整个香洲人的心，27位革命军骨干就这样壮烈牺牲了。

4月27日，正在东征的叶剑英闻讯，心急如焚，以万分悲愤的心情火速赶回香洲，整顿队伍，平息叛乱。他看到，营区内悲哀笼罩，阴森凄惨。官兵们见到自己的营长来了，都想把一肚子愤恨倒出来，纷纷表达要为死难官兵报仇的心情。叶剑英示意让大家静下来，然后向邓良等人了解情况，据了解，当时那些反革命分子已逃到澳门。

叶剑英和官兵们一起收殓烈士尸体，随即整顿部队秩序，并召集全团官兵沉痛悼念死难的革命先烈，声讨叛乱分子的罪行。他要求大家化悲痛为力量，继续完成先烈未竟的遗愿。

经过多方努力，从澳门引渡回来和在香洲抓到凶手共11名。叶剑英主持公审大会，当场将凶手包括前山的3名参与策划的主谋一起处决。反动团长古鼎华和陈柏梅、张学龄畏罪潜逃，独立营便将张学龄的一切财产没收。然后，叶剑英率领独立营和香洲群众，把27位烈士的忠骨安葬于香洲狮山之阳，并筹集资金兴建烈士墓。

1925年5月26日，独立营与前山缉私营合并扩编为新编团（团部先驻前山，后迁香洲），叶剑英兼任团长，廖鸣欧、练惕生任副团长。6月，驻防广州的滇军总司令杨希闵、桂军总司令刘震寰发动叛乱，叶剑英又火速从香洲返回第二师，率领部队参加平定杨、刘叛乱的战斗。9月，叶剑英率领新编团离开香洲，参加东江地区讨伐陈炯明的第二次东征。

10月3日，由叶剑英亲自设计规划的狮山烈士墓建成。叶剑英应香洲民众的邀请，从前线赶到香洲为死难烈士主持公祭，新编团和香洲群众共600多人参加。他亲笔写下《贲志亭碑记》。在碑记中，他痛悼亡友，悲愤地记述了兵变的经过和平叛始末，高度赞扬死难烈士"皆吾党英俊杰出之才。其志趣之高尚，气概之雄迈，操守之坚贞，精神之伟壮，诚难能而可贵者"。会后，他又挥笔书写了一首《满江红》，表达了他对这些革命同志和战友的深切怀念。

> 镇海狮山，突兀处，英雄埋骨。曾记得，谈兵虎帐，三春眉月。夜半枪声连角起，繁英飘尽风流歇。到而今堕泪忍成碑，肝肠裂。
>
> 革命史，人湮没；革命党，当流血。看挽枪满地，剪除军阀。革命功成阶级灭，牺牲堂上悲白发。更方期孤育老能养，酬忠烈。

叶剑英还安排新编团收集清理烈士遗物，指派专人送还烈士家属，同时还送去经叶剑英签名的"烈士墓全貌""追悼会""烈士遗容"三幅照片，以及金戒指一只，大洋100元作为抚恤慰问。他亲自将梅县籍的17位烈士的遗物护送回家，并登门拜访了附近的李公剑等几家烈属。参谋陈雨荣是叶剑英的结拜兄弟，牺牲时家里遗下老母和妻儿。他母亲因受刺激，神经失常。他的妻子房礼妹既要侍奉婆母，又要抚养幼儿，生活十分困难。叶剑英不断接济他们，直到烈士的儿子长大成人。

叶剑英元帅在他晚年80岁高龄之时，曾健步登上狮山，祭拜赟志亭，在烈士墓前整整待了半天。陵墓上方的赟志亭，正面的两根石柱上阴刻着："浩气贯苍穹英雄有恨填香海，伤心悲世道吊客何堪问佛山。"体现了烈士们的勇敢无畏、不屈不挠的斗争精神。

红色印记

从唐家湾金峰路拐入上栅大街，北行近1公里便是上栅村史馆，再右拐往东走300多米，就是上栅村蚝壳祠巷15号卢公祠。就是这样的一间古建筑，在大革命时期曾做过上栅乡农民协会会址，经历了炽热的革命岁月，留下了红色的印记。

宽阔舒适的建筑，为革命活动提供了可能。卢公祠坐西南向东北，面阔三间，三进夹两天井，现仅存两进夹一天井，占地面积超237平方米。采用穿斗抬梁混合砖木结构，三角形屋檐，硬山顶，灰瓦面，无脊饰，四周墙体均为蚝壳混三合土堆砌，又称蚝壳祠，是上栅最早的卢氏宗祠。该祠内墙为红砖，院中有石柱，柱间钩心斗拱，卷花木雕刀法洗练，明代建筑特征明显。卢公祠最显著、最独特的建筑特征是利用蚝壳作为墙体填充材料。蚝壳防雨、防台风，不怕虫蛀，又具有抵抗盐分和水汽的抗腐蚀特性，蚝壳的深凹斑驳与粗石板勒脚之间对比强烈，独具特色。但上栅卢公祠还有些特别，蚝壳拌和着黄沙、石灰、糯米汁，一字排开、上下累数百行，充满整面山墙，墙厚足有四五十厘米。蚝壳经过仔细甄选，个个形体肥大厚实，堪称建筑精品。令人痛心的是，如果时间倒转97年，回到1927年的春天，这里几乎处处滴血。

地理位置的特殊性，决定了革命斗争的复杂性。"栅"在本地文献最早见于香山县版图，意为栅栏。沿海的"栅"与军事设施相关，是指用木条竖立在海水边所围成的防御工事。明代倭寇猖獗之时，为防海盗骚扰，香山沿海多处设"栅"。任何地方，围墙一多，再加上栅门等防御设施，就表示此地并不太平。海边村民具有较强的防卫意识，特别是近代经济日趋富裕的情况下，防盗成为乡村建设的立足点，土围墙、栅门对外构成完整封闭的防御系统。上栅村于南宋末年建村，曾称长安、莲塘。明嘉靖年间，这个临海小渔村被称为上栅村，取栅栏之上的意思。

"卢公祠发生过载入史册的大事件，见证了20世纪初农民运动的蓬勃发展，上栅乡农民自卫军的军旗和全体农民自卫军成员的合影还被中国革命历史博物馆收藏。"唐家湾历史文化研究会秘书长唐越说。这里已于2011年11月被公布为珠海高新区不可移动文物，2012年7月被公布为珠海市不可移动文物。

时间追溯到大革命时期。1924年至1927年，在第一次国共合作的推动下，广东农民运动蓬勃发展。在这样的背景下，1925年初，南屏、上栅、下栅、唐家等乡先后成立农民协会，以合法组织同土豪、劣绅做斗争。4月，中山县第一届农民代表大会召开，成立农民协会，制定农会章程，通过行动纲领，并明确了今后的任务和建立农民自卫军。9月，中山县第二届农民大会召开，会议提出加强农民自卫军的组织训练，成立农军模范队。10月，广州农民运动讲习所第四届学员、共产党员、国民党中央农民部特派员黎炎孟来到上栅地区，筹建上栅乡农民协会。年底，第五期省农讲所毕业生郑显回到家乡，组织发动农民，成立中山县第六区上栅乡农民协会。

1926年2月农历元宵节，上栅乡农民协会成立大会在卢公祠堂内举行。祠堂内高高飘扬着"中山县第六区上栅乡农民协会"字样的三角形会旗，气氛热烈，邻乡崖口、平岚、南萌、榄边等地的农民协会代表也前来参加农会成立庆典仪式，意味着开始同土豪、劣绅做斗争，开展减租减息、取消苛捐杂税、制止土豪恶霸敲诈勒索等工作。到1926年底，上栅乡农民协会已发展会员380余人。1926年3月1日，上栅乡农民自卫军也在这里举行成立大会，祠堂内再次高高升起绣着一把犁和饰着飘带的军旗，上栅乡农民协会执行委员卢国民兼任自卫军队长。上栅乡农民自卫军在中山县农民协会的领导下，曾先后参加南萌、濠涌、茶园等地抗击反动民团的斗争。

1927年国共两党第一次合作破裂，孙中山联俄、联共、扶助农工的新三民主义遭到背叛，风起云涌的广东农民运动受到残酷镇压。卢公祠曾经是上栅乡农民协会的办公地点，上栅乡农民运动迅猛发展，很快引起了地主劣绅、反动民团的仇视和反扑。这个一年多来见证了紧张而激动的农会会员进行无数斗争的古老祠堂，一夜之间遭到无情洗劫。

　　1927年2月中旬，那洲村人古观意向民团局告密，民团局局长梁厚赞密谋纠集40余名武装人员，突袭上栅乡农民自卫军，双方发生激战。在战斗中，自卫军队长卢国民当场牺牲，队员蔡远受重伤并于两天后牺牲，蔡允、卢成、梁章、梁厚宏等10余名队员被捕后惨遭杀害。1927年11月12日晚，国民党警察勾结地主武装民团，围捕正在中山县外埔西山庙参加中山六区农民协会第二次会议的农协会员。苏兆良（淇澳村人）等10余名农协会员被捕，之后苏兆良等遭杀害。鲁迅先生曾经说："我恐怖了，而且这种恐怖，我觉得从来没有经验过。""被血吓得目瞪口呆。"

　　暮色初合，街灯黯淡，卢公祠周围的草木泛出阴冷的微光。我几乎可以想象那一天，院落内到处凌乱地散落着火把、棍棒、农会的会旗、标语、印鉴、袖章，还有被撕碎的贫民识字课本。凄怆的哭咽声在街巷中与血腥味混合在一起，白色恐怖笼罩着整个村庄。除死伤者外，遭到残酷镇压的上栅乡农民协会和自卫军部分逃脱者逃亡到上海、香港等地。

　　回顾历史，历史就像一把铁烙印，深深地刻在我们的心里，怎么抹都抹不掉。今天，我们有幸与历史隔桌而坐，是因为有卢公祠，还有保留在中国革命历史博物馆中的一面上栅乡农民自卫军军旗。它们曾经见证了上栅乡农民不曾屈服的斗争意志，也见证了农民运动的悲壮历史，让我们充满珍惜和敬意。

凤凰山烽火

凤凰山在珠海北部，东至鸡山，西至金竹园、白域石，北至官塘，南面是神前、大镜山，面积20多平方公里。抗日战争和解放战争时期，凤凰山成为中共党组织开展武装斗争的根据地，这里曾经发生过可歌可泣的英雄故事。尤其是东坑白马队和石洞武工队与敌人战斗的英雄事迹，留下了不可磨灭的历史印记，为中华民族的解放事业树起了一面鲜红的旗帜。

英雄战斗过的地方是什么样？有些什么样的传奇人物和故事？经历了怎样的峥嵘岁月？前些日子，我邀约两个志同道合的朋友，决定寻找东坑白马队和石洞武工队留下的遗址，让思绪倒回80多年前，那些烽火连天的岁月。

白马队遗址在普陀寺大门左侧。抗日战争时期，这里曾是白马队的宿营地和联络点。车子在广澳高速上奔驰，经过金琴快线，看见满眼绿色的北京理工大学珠海校区、北京师范大学珠海校区。过了凤凰山隧道，不远，就是普陀寺了。按图索骥，在普陀寺赭红色的高大立柱映衬下，旁边只有三面围墙且长满青苔的白马队遗址显得有些寒碜，有些寂寞，有些凄凉。不过，这不影响我的心情，反而凸显了这个历史遗迹的厚重感，增加了我对它的敬佩心。

遗址原是一栋夯土墙的房屋（怀庵），现仅存长20.1米、宽13.7米的夯土墙，占地面积275平方米。看着这些芳草萋萋的土墙和充满沧桑感的地砖，我思绪万千。

1940年3月，中山地区沦陷，日军占领了中山县境。同年6月，中共广东省委为了加强对珠江三角洲武装斗争的领导，决定在敌后大力发展党组织和抗日武装，将武装抗日战斗的重点从平原、城镇向山区和农村转移，开辟了黄杨山、凤凰山等敌后抗日根据地，与侵略者开展了艰苦卓绝的斗争。

1943年7月，五桂山抗日武装部队派谭生率领武装工作队8人进驻东坑村，并与东坑村22名民兵组织成立凤凰山区第一支抗日游击队，代号"白马队"。队伍很快发展至100多人，为中队级建制，党支部书记谭生任队长，冯培正任中队长。1944年10月，广东人民抗日游击队中区纵队成立，中山县抗日武装力量被编为中区纵队第一支队，白马队归中区纵队第一支队指挥。

白马队以怀庵为营地，宣传抗日，训练新兵，日打前山，夜袭翠微、南屏、唐家和香洲，配合五桂山主力部队粉碎日伪军近万人分十路对根据地的"清乡""扫荡"和"十路围攻"。中山人民抗日义勇大队制定了"全面牵制、击敌要害，歼其一路，动摇其军阵"的作战方针，运用麻雀战战术，多路与敌人周旋，打退了敌人的疯狂进攻，打通了澳门至五桂山的地下交通线。凤凰山白马队在战斗中，击毙日军20多人、伪军100余人。同时清除了海上交通的路障，从此珠江口一带，东至蛇口、南至澳门、西至番禺的海上交通航线畅通无阻，为大部队的补给和筹建抗日民主政权做出了贡献。随着抗日形势的发展，白马队不断壮大，组织机构也进一步充实，谭生很快成为日本人的眼中钉。

一次谭生正在理发店理发，外面突然传来"鬼子来了"的声音，日军指名道姓要抓谭生。一听到这里，理发师傅吓慌了，不知所措。这时谭生让理发师傅赶快给他剃个光头，并打上肥皂，于是理发师傅照做了，在谭生的脸上敷满了比平常更多的肥皂泡沫。尽管日军近在咫尺，凭着机智、勇敢和镇定，谭生竟然化险为夷。在谭生和战友们的努力下，凤凰山区人民抗日斗争开拓了新局面。

1944年12月18日，白马队出击驻前山的日伪密侦队、伪警所，歼敌胜利后返回东坑村，不料驻拱北的日军乘夜尾随追踪。次日凌晨4时许，日军包围了白马队驻地，枪声骤然四起。白马队战士奋起还击，血战到底。中队长冯培正与机枪手抢占制高点，狠狠还击，掩护群众和非武装工作人员安全转移。激战中，冯培正及副中队长缪雨天等10多名战士英勇牺牲。后来，部队转移到正坑村休整等待时机。

12月20日，为摆脱驻唐家日军的跟踪追击，白马队撤回五桂山区与长城队合编，改代号为"马城队"。随着珠江三角洲抗日武装队伍日趋壮大，1945年1月，经党中央批准，广东人民抗日游击队珠江纵队正式成立，司令部就设在五桂山根据地。马城队被编入珠江纵队第一支队，在凤凰山区坚持斗争，为本地区抗战胜利做出了重要贡献。

1945年初，党组织在澳门找到一部电台，让珠江纵队司令部派人去取。司令员林锵云亲自把这个重任交给了谭生。为顺利过关到澳门，谭生伪装成商人掩人耳目。取回电台后，在从凤凰山回那洲的路上，谭生不断遭到国民党武装和日本兵追杀。为躲避追杀，他躲进村民家里暂避，在群众的掩护下，谭生最终安全将电台送到了五桂山。

1945年3月，马城队与民族队、雪花队联合，出动30辆自行车袭击前山伪区政府特务中队，摧毁敌伪据点，缴获短枪46支，法国式轻机枪2挺，粮食一批，俘虏40人。其后再次袭击古鹤村，全歼伪军一个中队，还擒获流窜珠澳作恶多端绰号"老鼠精"的特务土匪头目，受到珠澳两地人民的赞扬。

抗日战争胜利后，蒋介石发动全面内战，国民党反动派大肆逮捕、屠杀共产党员和革命群众。1945年10月，凤凰山区的部队转战东江，留下32人组建凤凰山武工队。武工队由吴当鸿任队长，隶属珠江纵队中山特派室领导（曾谷任政治特派员、甘生任军事特派员），并开始转入地下活动，坚持开展革命斗争。随后，中山特派室执行中共广东区委"隐蔽精干、长期埋伏、积蓄力量、等待时机"的指示，将32名武工队员分成五个小组，组成短枪队，在中山一、四、五、六区开展活动和进行除奸反霸斗争。

1947年夏，为解决部队给养问题，凤凰山武工队与群众一起在杨寮村开荒生产，帮助群众改善生活，办起了"敌后南泥湾"。

1948年1月18日,为消灭凤凰山区的革命力量,国民党军队纠集600余兵力"扫荡"凤凰山区,武工队分散转移。敌人折腾了一夜,一无所获。直到次日清晨,敌人仍包围整座大山,派兵到处搜索,最后还是发现了隐藏在凤凰山石洞的武工队领导人吴当鸿、梁泰猷和周棉、阮通、周仔、蔡保4名队员。敌人包围了武工队的宿营地,一方面用火力封锁洞口,层层围困,企图将武工队困死于洞内,但武工队找准时机连续击毙敌警队员两人。另一方面强迫杨寮村村长杨彬(中共地下工作者)和10余名群众下洞抬尸体,杨彬乘机向武工队汇报洞外敌情,武工队被困六个昼夜后,在吴当鸿队长的率领下,机智地从山顶洞口安全突围。这段武工队游击队员英勇抗敌的英雄事迹被广为传颂,鼓舞着当地人民继续英勇抗击国民党反动派。

1949年,凤凰山武工队改编为中山独立团第八连,并最终迎来解放。

凤凰山武工队在石洞内宿营、学文化、研究对敌斗争策略的传奇故事,深深地吸引了我,于是决定去探个究竟。在珠海历史名人研究会会长吴流芳先生的指引下,我们沿着古驿山径,经过杨寮水库,朝着凤凰山主峰东北麓的灌木丛林一路前行,寻访珠江纵队凤凰山武工队的战斗遗迹——凤凰山石洞。这里的古径曾经是唐家人徒步去澳门的必经山路,也是武工队经常活跃的地方。

来到凤凰山石亭,视野开阔,一阵凉风拂面而过,爽心悦目。据史料记载,凤凰山石亭建于清光绪四年(1878年),坐东北向西南,四角六柱平顶石亭,约15平方米,凝聚了中国清代古建筑的风骨。柱联阴刻行书"台枕南山远对白云余彩凤,鹤归东海长留青枣即蓬莱",充满豪气和建亭者的意志。我们要找的凤凰山石洞,就在其斜下方18米处的山腰上,掩藏在古道边的一片茂密丛林中。这是一个天然石洞,怪石嶙峋,幽深而隐蔽,四周山高林密,正是游击队藏身的绝佳处所。在不远处,还有一处摩崖石刻,上书"维护凤凰山天然古迹,发扬游击队革命传统",昭示后人要铭记历史,淬炼初心。

在灿烂阳光的照耀下,凤凰山石洞石亭遗址四周的山林愈发碧绿青翠。环顾周边的崇山峻岭,耳畔仿佛又响起当年隆隆的枪炮声。

80年的沧桑岁月，先辈们抛头颅洒热血，救国救民的爱国情怀已经深深融入这片土地，成为一代又一代珠海人的精神脊梁。如今，在他们战斗过的凤凰山脚下，珠海已从昔日的边陲小镇，发展成为现代化花园式海滨城市，正朝着建设新时代中国特色社会主义现代化国际化经济特区大步迈进。

▲ 东坑珠江纵队白马中队抗日活动遗址

版画刻绘延安精神

本来，进入那洲村不在计划之中。当写着"美丽那洲"的岭南特色标识牌出现在我的眼前，以及村里的那面墙上，古元的一幅幅版画像电影胶片一样呈现的时候，凝固已久的气氛才又活跃起来。我就像都市的逃离者，在那洲的青山绿水中呼吸着艺术的气息。

罗丹说："世界上不缺少美，而是缺少发现美的眼睛。"既然眼睛有所发现，结果就是不虚此行。步入华昌路，一字排开的古氏大宗祠（村史馆）、相思林、古元故居让我不舍得走，就在这古迹里转悠起来。

1912年，古元的父亲古万建思乡心切，把在巴拿马的商店留给两个子女经营，自己偕妻子黄氏返回家乡定居。他在那洲村口盖了两间瓦房，买了几亩地，男耕女织，生下了包括古元在内的兄弟姐妹六人。

古元故居由正房、小院、花园和围墙组成，青砖黛瓦，石板铺地。正房为土木结构砖瓦平房，高4米。设有神楼，神楼上的神龛里放置着古元亲手绘制的父母肖像。中间有一个小花园，种植的龙眼、黄皮、芒果等果树已有百年树龄。墙壁、门额和屋檐上有绘有花鸟虫鱼等的工笔画和灰塑，灰塑中的石山、青松、蜂巢、月季、雀鸟、向日葵等元素纹理清晰、颜色鲜明、凹凸有致。故居的建筑细节散发着生动的气息，像用一种暗语来传达艺术的魅力，同时给了古元最早的艺术审美教育。

进入围墙内，内墙上挂着古元的生平和事迹，屋墙的不锈钢板上刻着古元的家谱和故居平面图。进到屋子里，大厅的左右两边挂着28字的古氏家训：

"厚德载福惟善为宝持身贵养谦光""和气致祥百忍成金处事端资退让"。这应该是古家的底气和精神气质了,是通向希望的门扉。古家坚持自身的准则,将信仰的光辉与阳光连成一片,形成了古元早期的思维力量。

1919年农历七月十日,古元就出生在这样的一户归侨家庭里。少年时代,家学严谨,而古元性情聪慧,他目睹社会黑暗,义愤难平。作为一个热爱美术事业、追求革命的青年学子,1938年夏天,19岁的古元学着广州八路军办事处干事的样子行了人生第一个军礼,踏上了去延安的路,进入陕北公学和鲁迅艺术学院(简称"鲁艺")深造。

投身延安的古元感受到了扑面而来的抗日气息,在精气神最蓬勃的年岁,年轻人的心中每一天都是满溢的创作激情。三个月的政治和军事学习期间,他就已抑制不住自己的艺术荷尔蒙——画壁画、出墙报、写标语。同时,他开始尝试木刻,想用手中的刻刀,来反映现实的生活和斗争。凭着来延安前一直热爱绘画、坚持写生打下的功底,来到延安的第二年,古元就成了鲁迅艺术学院美术系的学生。他以天赋之才和勤奋不懈的实践,创造出很多优秀的木刻作品,成为延安最杰出、最具代表性的画家之一。

当时在延安,与非常稀缺的油画纸、笔和颜料相比,刀和木板比较容易找到。版画可大量印制,又让这种艺术形式成了最好的抗日宣传载体。于是,这个满腔热血奔赴革命的年轻人拿起刻刀,开始了贯穿他一生的版画创作。

毛泽东来到鲁艺,倡导学生们奔赴更广阔的天地。"作为艺术学院的鲁艺是小鲁艺,而整个解放区是大鲁艺,大鲁艺才是艺术创作的大天地。"按照毛泽东的指示,刚走出学校的古元又一次走上了革命之路,这一次,是奔赴火热的解放区生活。他先来到了延安川口区碾庄乡担任文教委员兼乡文书,住进窑洞,和碾庄村42户农民生活在一起。碾庄村刚刚开始识字扫盲运动,古元就制作了很多常用字的画片教老乡们识字。农村人最喜爱家畜,他就把"牛""马""羊"等识字片送给老乡们,老乡们很快就学会了这些字,也非常喜欢识字片上的图案。很快,画着大公鸡、大犍牛、大肥猪、骡、马、驴、羊的图片成为老乡们炕头的装饰画。

火热的生活和老乡们质朴的审美情趣，让古元找到了全新的艺术语言。和老乡们朝夕相处的日子里，每一天都是灵感迸发，他创作了《牛群》《羊群》《铡草》《家园》四幅木刻，然后拓印很多份送给乡亲们。老乡们常常围在一起议论他的画，有人由衷赞叹："这头驴真带劲！"也有老乡指着画里的牛说："这不是刘起兰家的大犍牛吗！"还有老乡会提出批评："放羊娃不带狗不行，还要背上一条麻袋，把母羊在山上下的羊羔装进麻袋里背回来。"从乡亲的热爱和肯定中，古元不仅感到欣慰，更找到了一条自己独有的现实主义创作之路，他的版画技术也日益成熟，自己的风格真正开始成型。

《羊群》创作于1940年，它是一幅具有牧歌似的、抒情诗一般的版画。这幅木刻表现的是陕北牧童晚归的情景，羊群进圈了，牧童怀里抱着一只可爱的新出生的小羊羔，意味着人间的希望和欢乐。古元用非常精致的手法刻出了羊圈的门和羊羔的眼睛。估计今天还会有一些粗心的画家把羊的眼睛画成牛一样的眼睛，而古元第一次刻羊就正确地描绘了羊的独特瞳仁，说明他是一位善于观察生活的艺术家。

《铡草》可以说是这个时期古元版画艺术的代表作。刀法娴熟、犀利，在借鉴苏联版画刀法的基础上，古元的版画更加细腻、含蓄，陕北剪纸手法的运用，又给作品带来了黄土地的味道。画面中，两位农民忙着铡草，为牲口准备饲料，主体人物被艺术家设计成一个背影，却更突显了劳动者的力量之美。农民的背心紧裹着结实的后背，几乎要被肌肉的张力撑破。远处，一个孩子亲昵地搂着小毛驴，小毛驴的眼睛透出温顺的光。作品甜美、朴实，简洁的线条里，是深切的劳动人民的感情。

古元是在1939年从延安陕北公学转到鲁艺美术系的，学习不到3年，他就在1942年重庆举行的第一届全国木刻展览会上，以一批木刻作品震动了当时艺坛。徐悲鸿站在《铡草》前久久不肯离去，他评价说："古元能够在平凡中发现美，从背部如此传神地描绘出一个场景是很难的，而且第一次看到用平静和谐来表现解放区，让人心向往之。"展览结束，意犹未尽的徐悲鸿买下了这幅作品。后来，大画家又在报纸上撰文："发现中国艺术界一卓绝之天才，乃中国共产党中之大艺术家古元。"古元的其他展品，被毛泽东、周恩来送给了国际友人，作为红色中国的象征，至今还被这些国际友人珍藏着。

古元的版画质朴细腻，用他对平凡乡村生活和普通农民的热爱，以堪比现代纪录片的真实和动人，描绘细腻的生活和无数动人的瞬间。他对人物神态有着独到的捕捉和表现能力，寥寥几刀，情绪和气氛便如在眼前。比如《播种》与《秋收》；还有那交织着回忆与想象的《回忆延安》与《枣园灯光》；描绘妇女劳动生活的《江南三月》与《麦苗肥》；描绘向艰苦挑战的《战胜旱灾》。在《结婚登记》中，扎着白羊肚手巾的小伙子兴奋、鲁莽，头戴小野花的姑娘羞涩、暗喜，腰插烟袋头戴军帽的公务人员认真细致，看热闹的乡亲们好奇、高兴；在《离婚诉》中，主诉妇女的气恼、丈夫的沮丧、婆婆的无奈、公务人员的沉思、看客们的探头探脑……一切都没逃过古元的慧眼。这种风俗画般的创作，不仅富含时代气息，更体现出极高的艺术手法和品位。

古元到过我国很多地方，到处写生，把大自然的美好景色与劳动者的体力劳动结合在一起作为创作题材，比如：描写风尘仆仆的北方村镇的《骡马店》；体现水乡特质的《玉带桥》；描写山光水色中摆渡小艇的《松花湖》；描写水上人家洋溢着诗意的《太湖炊烟》；描写阳光从稠密丛林的空隙中透出的《晨耕》；描写在雨后进行游牧与机耕的《彩虹》与《草原千里》；描写江南水乡特殊风光的《江南梅雨》与《苏州水巷》；表现异乡情调的《五指山下》与《小鸟天堂》……古元这一系列的良辰美景与劳动生活的结合，正是我国流传了几千年劳动人民审美观念的结晶，是对自然景物的赞美，也是对劳动者精神面貌的赞歌。古元不愧是一个伟大的创造劳动美的人民画家！

古元从不在荣誉面前沾沾自喜，从不为自己做宣传，也从不请别人为自己做广告。他始终脚踏实地行走在人生旅途上，正如他晚年创作的一幅木刻《骆驼赞》里的解说词那样："负重任劳，取之甚少，予之甚多，不管严寒风旱，总是昂着头迈着坚实的步子前进。"这是他的人生格言，也是他的自我写照。

晚年的古元，越来越思念、热爱自己的家乡，魂牵梦绕的珠海老家让他创作了《大榕树》《渔女》这样的水彩画。1983年，国务院任命古元为中央美术学院院长。1996年，古元决定将部分作品和实物捐给家乡。同年4月，一颗艺术之星陨落。

今天，纪念这位伟大版画家的古元美术馆已成了这座城市的艺术坐标。开阔的梅华东路上，郁郁葱葱的凤凰山下，古元版画的朴素之光穿透美术馆外墙的青藤，直射进每一颗敏感、艺术的心灵。在茂林修竹之中，艺术家的灼灼眼神，依然引领着一座城市的美学方向。

第四辑

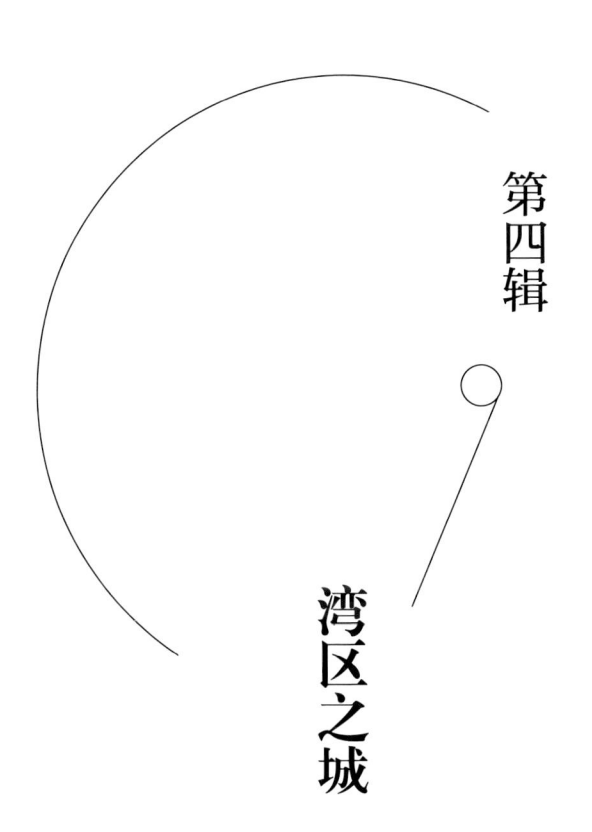

湾区之城

珠海，有千年文脉传承的神韵，有百年风云掀起的浪涛，有源源不断的香山文化熏染的大地。珠海的人文，自然源头在香洲，文化源头在唐家湾。伯牙道、子期道、风吹罗带路这些路名，体现了珠海人的性格特征和文化心理。在"特区"和"改革开放"的历史际遇中，珠海拥抱的不只是经济的变革，更是一条生态之路的对接。情侣路是珠海最大的生活秀场。东望大海，绵延的港珠澳大桥连接起粤港澳，成为"一带一路"的重要支点，也成为大湾区的历史交汇点。

横空出世，琴鸣天下

登上横琴总部大厦158米的顶层俯瞰，魔幻感油然而生，蓬勃景象，跃然眼前。

景炎二年（1277年），横琴山周边还是一片广阔的海域。那年冬天，这里发生了四次海战，由此改变了皇帝的命运，也改变了中国的历史。

2014年12月18日零时起，澳门回归祖国15周年。作为珠澳之间三个口岸之一的横琴口岸实施24小时通关，让横琴与澳门沟通合作的通道彻底畅通，在两地之间往来就像"串门"。以前一到晚上11点就急着打车赶往拱北的人们，在口岸百米狂奔抢关出境的日子一去不复返了。

2024年3月1日起，横琴粤澳深度合作区正式实施封关运行，标志着琴澳一体化高水平开放新体系迈出了关键一步。

横琴，原本是两个东西走向的狭长岛屿——大、小横琴山，像静卧在大海上的两把精美古琴，与风声涛鸣共奏着南海的乐章。有人说这两把"琴"，是伯牙和子期在赴一场横亘千古的瑶琴之约。后来，东西大堤将两把"琴"连成了一个完整的岛，也成就了现在珠海最大的海岛。106平方公里的总面积，比一河相隔的澳门足足大了三倍。然而，在珠海建市的那年，岛上仅有的大约2000名常住居民不是出海捕鱼，就是在遍布鱼塘的岛上养殖生蚝。从1979年到2009年，珠海从一个边陲小镇变成了珠江口的明星，横琴却依然偏安在一片奇山静水之中。

在中国文化里，伯牙和子期象征着千古知音。2000多年之后，可遇不可求的知遇和机缘终于拨动了这把"琴"的弦——2009年,天降大任于横琴,这把"琴"成了继上海浦东、天津滨海之后的又一个国家级新区,同时批准实施的《横琴总体发展规划》描绘了横琴的未来:"一国两制"下探索粤港澳合作新模式的示范区;深化改革开放和科技创新的先行区和促进珠江口西岸地区产业升级的新平台。

这一把"琴",远不止是珠海人"城与海"的生活理想和珠澳两地人的双城浪漫,更是珠海的潜力和无限可能的代名词。从此,横琴的乐章不再曲高和寡,而是唱响在高山流水之间、聚集着世界能量的合奏。一个开放、活力、智能、生态之岛在世界舞台上开始亮相。

澳门大学横琴校区便是第一个在这把"琴"上奏响乐章的澳门项目。新校区的面积是澳门本岛上老校区的20倍。学校完全实施澳门法律和行政体系,是国内唯一"一岛两制"的特殊地区,这也是横琴作为"特区中的特区"的显现。

今天的横琴速度,如同横琴建筑界流行的"一周封顶一座楼"。不到10年,岛东部的荒山野坡成了华丽楼群。从横琴口岸到金融岛一线,珠海国际会展中心、珠海大厦、横琴总部大厦、国际金融中心、横琴金融谷、南方传媒金融中心、横琴国际交易广场等建筑组合成优雅恢宏的天际线。6.8公里长的横琴二桥连接南湾大道延伸线和横琴中心南路,是新区通往市区的第二条陆路通道。

横琴为人所知,是因为南宋末年在这里发生的宋元大海战;而今再次声名鹊起,则是由于在横琴地域,一个世界级商务区——珠海十字门中央商务区的赫然崛起。这是一幅承载着粤港澳大湾区成为世界级城市群的伟岸蓝图,也是一个高端服务业与珠三角庞大资源对接的核心区域。随着港珠澳大桥的建成通车,这个中央商务区已然成为粤港澳一小时经济生活圈的枢纽区域和深度合作的重要载体。

横琴就这样"重要"起来,中央商务区不仅产业高端领先,自然环境更是优美和谐。在一片片滨海绿地公园之间，灵活分布着商贸、会展、居住、旅游等各项功能的城市格局，有机融合山海景观和城市景观，巧妙地布置绿地和滨水空间，是一个山、海、城、人融合的生态国际都会，是一个宜居、宜业的地方。

2024年春，我与一位医药行业的朋友驱车进入横琴，车子经过十字门隧道，穿越马骝洲水道进入横琴岛，路两边的高楼大厦鳞次栉比，跟十几年前我涉足的横琴相比，一切恍如隔世。朋友在香洲住了30多年，十足的"老珠海"，还是有些恍惚，我们已无从寻找印象中的江海和"十字门海战"的遗迹。

说起横琴的变化，朋友心中总是升起一种难以表达的冲动。这里的变化，是能量的积累和思想的开放，是产业的布局和发展的使然。比如中医药产业，在这里，国内外的中医药企业可以进驻科研总部大楼，并在园区内完成从研发、检测、中试、临床试验到批量生产的整个过程。在研发检测大楼，完整、精密的专业药品检测设备为产品提供最完整的数据，园区的中试生产平台为企业提供中药批量生产能力。

和十字门商务区相比，港澳大道、横琴大道那片区域显得有些休闲，就像琴海北路的花海长廊，全程长13.6公里，那些樱花、木棉花、凤凰花让我辗转流连。站在堤岸，我的视野被马骝洲的江水翻腾着、被夕阳燃烧着，江鸥翩飞的远处，横琴大桥彩虹般豁然间展现在我的眼前。

横琴是一座文化岛。"风吹罗带路"，这个看似突兀的名字，源自唐朝诗人李端的《拜新月》："开帘见新月，便即下阶拜。细语人不闻，北风吹裙带。"至于伯牙、子期的高山流水觅知音，则是与横躺着的这把"琴"有关。走过荣澳道、天羽道，路过伯牙道、子期道，沿琴韵路、彩虹路穿行，在香江路、濠江路、知音路、祥云路上散步，伫立环岛东路堤岸看澳门路氹城，一幢幢别墅就在山海之间若隐若现……让我不忍离去的是位于琴海西路波光潋滟的天沐河上，那些扭扭捏捏却又你侬我侬的桥梁——依依桥、姗姗桥、思思桥、福福桥、留留桥、期期桥，分别取谐音"1、3、4、5、6、7"来命名，让人脑洞大开，耐人寻味。第七座桥则叫双双桥，中间穿过天沐琴台，既有地域特色，又兼生态之美，充满艺术魅力。车子跨过天沐河继续在环岛路上行驶，抵达长隆海洋王国的时候，我感觉自己不像是游客，而是一只站在蓝色海洋冰块上的企鹅，正在聆听有如巨型竖琴的长隆剧院发出的琴声。一路春风，一路惬意，在横琴岛上文化气息浓厚的路名和地名里，蕴藏着这个中国最年轻的新区智慧、生态的密码。

横琴是一座智慧岛。华发七弦琴国家知识产权运营公共服务平台是横琴的创新成果之一，也是国家知识产权运营体系的重要组成部分。全球的专利、商标、版权在这里孵化、融资、储备、评估、推广、交易、维权。在可以预见的将来，一个具有国际影响力、国内一流的生态型知识产权交易平台将成为中国脑力劳动者的自由协作舞台、全球知识产权资产集散地、知识产权金融创新策源地、知识产权服务资源整合者、企业知识产权高级管家、知识产权人才摇篮和高端智库。

横琴是一座活力岛。强劲的新区建设背后，是无数社会文化精英和创业者的缩影。在澳门青年创业谷、云计算资源产业协同创新基地、香洲埠文化院街等，他们用创新的软实力来赋能推动产业发展。于是，人们操着南腔北调，成群结队而来。

清人张潮在《幽梦影》中云："文章乃案头之山水，山水乃大地之文章。"如果把横琴当作一篇文章的话，那它是一篇关于"山与水""城与景"的旷世佳作。或者它就是一条彩色飘飞的罗带，被春风吹拂。

山如罗带，水如明镜。横琴四周环水，岛中央山峰连绵。脑背山顶上，横琴岛的未来在以青山大海为背景的风能车阵中高速旋转。"十步一瀑布，百步万棵树"，湿地里莺飞草长，河道中鱼鲜虾肥。站在濠江边，我第一次感到和历史相距那么近，甚至可以听到祖辈们在战船上厮杀的声音。同时，也感受到那些吊机、搅拌车生生不息的力量，正是这种力量，它们用碎石和水泥，推动着横琴，走向光辉灿烂的明天。

一条路，一座城

每个城市都有属于自己的印记，这个印记总要附着在某个地方，在珠海，这个地方以情侣路命名而深入人心。珠海的浪漫与激情，镌刻在这条路的名字里。

珠海人的休闲自然源头在情侣路，情侣路有多长？外地人说不清，本地人道不明。传统的情侣路有28公里，若把这条路完整地走一遍，也就看完了主城区的海岸线。拱北湾、香炉湾、凤凰湾、唐家湾、淇澳湾，阳光、沙滩、海浪、栈桥、行人……它就像一条丝滑的、蓝金色相错的飘带，由南向北，一路风景。某种程度上讲，珠海的城市底色就在情侣路上——城市客厅、爱情邮局、日月贝大剧院、得月舫、博物馆、中山大学珠海校区、唐家湾古镇……一条路，一座城，文化，似乎全在这条曼妙的曲线上了。

繁华在左，蔚蓝在右，众人便在中间行走。第一次走进情侣路的人会对眼前的景致感到惊诧：金黄色的细沙，蔚蓝色的海水，灰白色的麻石，突如其来的海风、鸥鸟、道路、行人、高楼、椰树、霓虹、戏院、汽车、渔女……令人目不暇接。没有人不愿意在这条路上消磨时光，寻找延续生命的空间。清凉的海风和爱情邮局那粉红色的背景经常让毫无准备的人感到不知所措。

真正的故事就藏在道路的石板上。那些密密麻麻的脚印和鞋底摩擦后的痕迹相互拼接，如同暗码一般，以隐晦的方式诉说着这条路上所发生的事情。走过这条路的人身份有所不同，亲人、朋友、情侣、同学、旅游者、观光客，他们沿着事先约定好的线路放飞自我，演绎着属于自己的浪漫故事。

我是在20年前一个日薄西山的傍晚走进情侣路的,那时对珠海的理解只有拱北、吉大、香洲三个区的概念。还有,拱北海关过去就是澳门,一条路的距离。那时的一场偶遇,让我差点成了珠海电视台的编辑,当考官看着我的诗集《相约远方》欲言又止时,我坐上了从拱北到机场的黄色的士,沿着珠海大道赶往她的住地,神秘的草堂湾附近那间宿舍楼。

我们的相识是在网络上,大家都不局限于在虚拟空间里漫游,于是决定来一次铭刻心灵的邂逅。"我不在家,就在去情侣路的车上。"我沿着海堤行走,一条弯弯曲曲的大路伸向远方,没有尽头。大路边一棵棵随风摇曳的椰树,堤围下不规则的条石探出头来,伸向海里,我确定它们就是防波石了,就径直向路边的休闲亭子走去。我要在显眼的地方,确保约定的人一眼就能认得出来。

在渔女目视的那段海滨路上,一个窈窕的身影在这城市的边沿行走,我试图抓紧她的手掌,默默细数脚下的石板,以及毫无羞涩地努力向她靠近。她的温情让我表现更加忐忑,老谋深算的道路和喜怒无常的海风经常让我感到忘乎所以。眼前的车声人流对于我来说毫无意义,我甚至都没有认真去看擦肩而过的每一个人的面部表情。

到过珠海的人,都希望一睹渔女的芳容。渔女之于珠海,如同美人鱼之于哥本哈根。这是由著名雕塑家潘鹤为珠海独创的城市象征,于1982年正式落成,这位天生丽质的渔女,双手擎起一颗璀璨夺目的明珠,喜悦又羞涩,体现了这座城市的精神气韵。我跟她就在这条星光和海风伴随的风景线上一路前行,菱角嘴拐弯处突出路面的巨石让山体与岸线浑然天成,我被建设者的大爱感动,同时惊诧于大自然的鬼斧神工。

很多年后,开车或步行,我都会在情侣路上东张西望,生怕错过一处美好。当我成为这条路的使者,成为这座城市经常到来的过客,我就努力在这座城、这条路上寻找慰藉。包括跟半生不熟的人一起参加沙滩音乐会,劲爆的节奏让身体不由自主地舞动;在海滨泳场感受人与海的和谐相处,以及碎花长裙、白色遮阳伞花影缤纷的场景；到霓虹闪烁的日月贝去看大戏，在剧院广场吃酸菜鱼。入夜，我不一定会在这条路上流连，但总有歌声和吉他的旋律从城市的夹缝中飘溢出来，隐约地逗留在温润的夜色中。

前段时间，有远方的鲁院同学渊源到珠海游玩，我陪她行走情侣路，满眼的风景，一路开车一路歌。在城市客厅驻足，懵懵懂懂地进入这个后现代主义的广场。我们去感受了这个客厅里最生动的部分——爱情邮局。沿着旋转梯子上楼，我们各自要了一杯咖啡，站在露台上看灯塔外的天际线，看广场上粉红色的帐篷，看海浪拍打沙滩，看沙滩上嬉戏的人们。海风吹拂，"转角遇见爱情"的提示，总会让心中涌起幸福或惆怅。我不知道渊源是否读过《圣经》里关于"半圆主义"的诠释：每个人都是一个半圆，爱情就是一个半圆寻找另一个半圆的过程。这是爱情邮局的宣言，他们把它贴在楼梯的转角处，昭告天下："机缘难求，心圆难觅。有人找不到，有人找错了。我们只有在这个圆上走，幸福才会没有尽头。"这条路，只能让我们在露台彷徨、眺望、凭栏欣赏别人的风景，对眼前的美景怀有深深的眷念。

纵有千般不舍，终究也只是过客。渊源离开珠海，回西北了。几天后，渊源给我发来信息，提及对珠海的印象，她说："珠海，给人一种慵懒又温柔的感觉。踱步逛到渔女雕塑的身边，观望、拍照，蔚蓝的天空渐次散开去的云朵，星星点点，点缀着这片海域的上空。情侣路上的渔女，身影在傍晚夕阳下闪着夺目的金光，人们纷纷到离她最近的岸边，或凝视，或仰望，或与她对视着进行只有游客自己秒懂的心与心的交流。"

渊源打开心扉，继续她那浪漫的思绪："沿着情侣路，弧形的海岸线是一道柔美的线条，周边的景也慢慢在入夜的灯光里温柔起来。交错的灯光像梦一样，一直伸向远方，住进一个人的心里。潮湿的海风吹拂着，肌肤的每一个毛孔都舒展开来，是惬意和享受，感觉整个人轻盈如羽毛，张开双臂，闭上眼睛，随着心跳呼吸。呼出去的是闷气和浊气，吸进来的是清新和安然，一呼一吸间全然是心胸打开的状态。慢慢地，竟感觉自己像要飞起来了，在蓝天白云

▲ 航拍情侣路

与海风鹭鸟之间，飘啊飘啊……"

情侣路的休闲、得月舫的美食、博物馆的历史、日月贝的文化，还有容闳、唐绍仪、杨匏安、苏曼殊……人文荟萃的珠海，让我循着思想的翅膀，肆意发挥无尽的想象。"一带九湾"的工程，从唐家湾到横琴湾再到航空城的金湾，珠海将是怎样的存在？一个高质量发展的城市，不动声色地再次降临。

虹跨伶仃洋

"一座美丽桥,挽起港珠澳,那是大海升起彩虹,千年的拥抱;一座平安桥,情连港珠澳,那是珠江牵着香江,莲花在微笑……"

这段深情歌咏,描绘了中国人的千年梦想变成了现实的景象,展现了港珠澳三地人民情义相连的同时,也预示着大湾区这座超级城市无限美好的未来。

纽约的布鲁克林大桥、韦拉扎诺海峡大桥,旧金山的金门大桥、旧金山-奥克兰海湾大桥,东京的彩虹大桥和东京湾跨海大桥……这些经典的建筑不仅仅是城市地标,更支撑起了所在湾区的经济血脉。也正是这些大桥,见证了美国和日本陆续成为世界第一和第二大经济体。

如今的中国已成为世界第二大经济体,在港珠澳跨海大桥这条"海上巨龙"的全面建成之际,比肩世界三大湾区的粤港澳大湾区横空出世。这一次,珠海成为世界湾区舞台上的聚光点、磁力场。

港珠澳大桥全长55公里,由三部分组成:海中桥隧主体工程;香港、珠海、澳门三地口岸;香港、珠海、澳门三地连接线。海中桥隧主体工程全长29.6公里,采用桥、岛、隧组合,其中22.9公里为桥梁,6.7公里为海底沉管隧道,由人工岛实现桥隧转换。主体工程采用双向六车道高速公路标准建设,设计速度100公里/小时,使用寿命120年。与蔚蓝色的伶仃洋一起,藏匿在珠江口浩瀚的缄默中。

港珠澳大桥的建设,从前期孕育的坎坷、认证的困难,到后面建设的艰辛,再到最后横空出世,堪称一场艰苦卓绝的战役。毕竟,港珠澳大桥是世界总体跨度最长、钢结构桥体最长、海底沉管隧道最长的跨海大桥,也是我国公路建设史上技术最复杂、施工难度最高、工程规模最庞大的桥梁。它是举世瞩目的超级工程,不仅代表着中国桥梁的最先进水平,也是展示国家实力的超级舞台,它傲然挺立在烟波浩渺的伶仃洋,向世人展示着"一国两制"的生命活力。2018年10月23日正式通车前夕,英国《卫报》将港珠澳大桥评为"现代世界七大奇迹"之一。

港珠澳大桥建成通车,打通香港与珠三角的连接通道,使珠江口路网格局发生质的改变,特别是使香港由原来只能经由深圳联系内地的单通道格局,变成现在连接深圳、珠海的双通道走向,让珠海成为内地唯一一座与香港和澳门陆路相连的城市。

走过这条起伏的天际线,日出日落,帆影点点。它犹如五线谱一般与海浪声一起合奏出曼妙音符,与时代和声,同世界共鸣。

巴士在近30公里的桥上穿梭:九洲航道桥、非通航孔桥、江海航道桥、青州航道桥、西人工岛(白海豚岛)、海底隧道、东人工岛(蓝海豚岛)……巴士就像一艘在大海里飘摇的挪亚方舟。车窗外,一望无垠的海面碧波荡漾,伶仃洋的浩瀚与蓝天白云相呼应,所有人都在为这个世纪工程发出由衷的赞叹!

九洲航道桥的双塔斜拉和风帆造型,让桥的功能与景观得到完美结合。同时,风帆的造型也寓意着一帆风顺,它就像一艘鼓足了海风的巨型帆船,带着自信和果敢,载着人们对未来的美好憧憬和祝愿,顺利前行……

非通航孔桥集大规模、创新性及景观性三大特色于一身,注重景观效果,通过独特的造型设计,让桥梁与周围环境相融合,成了一道既能通行又能观景的风景线。

看到海豚是每个上桥人的愿望,也是大桥建设的初衷。进入这一区域后,就可以看到海豚了。"生活在伶仃洋海域的海豚,主要是白海豚。白海豚又被称'海上大熊猫',是国家一级保护动物,也是世界濒危海洋哺乳动物之一,因为野生种群数量十分稀少,1988年被列入《中国濒危动物保护红皮书》。"

导游普及知识，让我对白海豚充满了好奇心和自豪感。

"白海豚在中国有着悠久的历史，唐代就有关于它的记载。白海豚的颜色随着生长阶段不同而不同，出生时是灰色，再过渡到浅灰色，两三岁时开始变为粉红色或白色并带有灰色斑点，到10岁左右发育成熟，斑点就会消失。"导游继续给大家讲解。我也对白海豚有了更深的印象，这是一种对环境选择要求比较高的动物，据说港珠澳大桥在建设过程中，为了不破坏海洋生态，保护白海豚的生存环境，建设方付出了很多努力和代价，发生了很多感人的故事。

珠江口海域栖息着2000多只中华白海豚。为了保护它们的家园，建设方从研究方案、技术要求、施工图设计和工程实施等各环节，以及在制度设计、施工管理、工艺工法等方面采取了一系列保护措施。港珠澳大桥建设过程中，为保护中华白海豚，直接耗资约3.4亿元，工程造价增加了36.7亿元。

这两个数字让我震惊，但转念又想，一座生态大桥、绿色大桥，不仅体现出建设者们对白海豚及环境生态的尊重和保护，更彰显出港珠澳大桥"客观科学，敢于担当，合作共赢，奉献至上"的精神与文化。8年多的工程建设换来的是海洋环境的"零污染"，是中华白海豚的"零伤亡"。

此时，一大一小、一白一灰两只海豚正浮出海面，它们时而跳跃时而侧泳，时而直立时而腾空，激起朵朵浪花，与湛蓝的大海，宽阔的天空，雄伟壮丽的港珠澳大桥的桥、岛、隧相互辉映，绘就一幅永驻人们心间的唯美画面和温馨场景。

江海航道桥三个造型庞大又精致的"海豚"桥塔，正慢慢淡出我的视野。而采用双门型框架塔及传统的"中国结"造型的青州航道桥，则寓意"三地同心"，共创美好未来。

我一直惊叹于海底隧道工程建设，那么大的落差、那么大的压力，如何让一列火车在一根不见天日的管子里快速通行？港珠澳大桥隧道全长6.7公里，穿越伶仃洋航道和龙鼓西航道段，由33个巨型沉管和一个合龙段最终接头共同组成。据说，一个沉管长180米，宽37.95米，高11.4米，重约8万吨，最大沉放深度46米。光看这一组数据，或许对修建它的难度没有具体概念，但看看在海底隧道施工中遇到的困难：巨大的水压、复杂的地质条件、艰难的测量和控制、无损的通风和安全问题……所有这些，都需要高精度的测量和控制系统，以及大量的科研和试验数据，以确保工程的顺利进行和安全性。

由此，我对我们国家科技工作者的技术实力和创新能力深感敬佩！

如果说人工岛具有商业开发和旅游观光的功能，那么东、西两个汲取蚝贝元素的人工岛则更具文化气韵了。蚝贝象征着财富、繁衍、吉祥如意和海洋文化。人工岛还融入了岭南建筑元素中独有的骑楼、柱廊等文化特色，强调低调、沉稳、含蓄，使建筑既具有传统文化特色，又不失现代感。在东人工岛两侧的桥头位置，还有两个引人注目的青铜大鼎：蛟龙出海、梦缘伶仃，鼎上的浮雕和纹理样式同样采用了中国传统元素，体现了中华文化的一脉相承和源远流长。

沿着宽阔的台阶拾级而上，到达人工岛的顶层。放眼望去，脚下是此起彼伏的海浪撞击着沿岸的礁石，掀起浪花朵朵；大海的上空，天高云淡，海风拂面，一排排的海鸥自远方结队飞来，奋力扇动着翅膀，来回在大海上飞翔，满是生命的色彩。

兴致未央地回到珠海口岸。再回首，港珠澳大桥似仙女洒落在伶仃洋上的

▲ 港珠澳大桥

彩练，优美的曲线从西向东蜿蜒，犹如游龙在海面上若隐若现，也如长虹卧波映射着桥面。再细思，它不只是一个建筑物，更像是一件充满灵性的艺术品，是人类伟大智慧与大自然完美融合的结晶，具有摄人心魄的震撼力。

　　港珠澳大桥，像彩虹一样起于伶仃洋，跨过港珠澳。它早已不是一座桥，它是港珠澳三地人心中的精神丰碑和文化图腾；它是一道亮丽的风景线，是粤港澳大湾区协同发展的圆梦桥、同心桥、自信桥、复兴桥，更是中国桥！

"机翼"上的新城

迄今为止,我只能以一个旁观者的身份打量金湾新城。

但是,几乎所有能够显示金湾尊严的细节已经暴露无遗,比如丝滑宽阔的机场路,宏伟别致的图书馆,沿岸观光的高架城际铁轨,以及头顶上的蓝天白云,呈现出一派欣欣向荣的景象。

乾隆时前山寨同知印光任有一首诗《腊底泊舟三灶海口》这样写道:

风雨初晴岁欲除,舟维海汊意何如。
村墟易米盐为钞,昼艇提壶酒换鱼。
岸脚日斜潮去急,山头云冷雁来疏。
莫嫌残腊迟归棹,一样闲吟把旧书。

这首诗可以看出当时三灶岛的金湾区,其实就是一片浅海,还有出海口。以棹艇为运载工具,以茅寮为居所的疍家人,通过这个海口进入岛上进行物物交换,直到日薄西山,潮水退去,也迟迟未有归去。

时光回到20世纪初,一个珠海人的远见和实干,为自己家乡培养了强大的航空基因。清光绪七年(1881年),斗门龙坛村人容嵩光携家眷远赴美国谋生,此时容家为资助洪秀全几乎倾家荡产。1913年,孙中山赴美筹办航空学校,容嵩光积极追随,在美国创立中华飞船公司。1918年,容嵩光又创办了图强飞机有限公司。如今,就在容嵩光出生的这片土地上,航空梦正以蝶变的姿态绽放异彩。

从空中俯瞰，珠海城就像一架向北飞行的隐形战斗机的两翼，金湾区是珠海的左翼，香洲、横琴是右翼。金湾区所在的左翼，就是三灶半岛湖滨路以南的这片热土。

第一次从珠海坐飞机前往兰州，是因为有珠海的友人同行。从空中俯瞰，从南向北，这个突出的海边"机翼"由蓝变绿、由低向高、由高楼大厦换成了广袤的山川，直到被机窗外的棉花团云朵所遮盖。

第一次去珠海机场看航展，是在2000年，第三届，友人给我一个免费参观证件，我挂在胸前昂首阔步进入展区。东瞅瞅，西看看，特别对那些战斗机感兴趣，总是接近机身拍摄。当它们从头顶呼啸而过和拉出烟云，包括我在内的观众的"哇"叫声一片。那次参展飞机约100架，声势浩大，展区内外人山人海。我对F-16的进气道为什么是半圆形，歼-7MF为什么是矩形感到好奇，看了许久。

以后多次到访金湾新城，不是去采风创作，就是去草堂会朋友，亲眼见证金湾从荒郊野外到高楼大厦的历程……

从广州南沙出发，沿着广澳高速、西部沿海高速，一路向西，走过孙中山的故居，穿过板樟山隧道，路过花园般的"北师珠"，跨过香海大桥，遇见湿地公园，直到金湾路，一路繁花。

第一次走进金湾新城的人可能会对眼前的一切感到迷惑，尽管宽阔的马路、条块状的楼房整齐划一，但突如其来的金湾路、金辉路、金鹏路、金泓路、金鑫路、金帆路、金瀚路、金律路……仿佛就是文字的游戏和复杂的路网缠绕，把人搞得晕头转向，无所适从。幸好有个煽情的依云路和道路两边火红的凤凰树招惹了我的视线，才不至于让我跌入表象的歧途。

我要去的地方是华发商都旁边的航空城，是个有情有义的地方。珠海机场的大多数员工都在这里买了房子，安家落户。一是方便工作生活，二是发展前途无限。我曾经心血来潮有在此购房的想法，只是闪念之间，因为限购和经济能力，作罢！

金湾，真是一个从天上飞来的新城。据说，它的设计者是刘太格先生，是一个美国耶鲁大学毕业的规划大师，新加坡那个从机场出发的沿海花园城市，就是他的伟大杰作。他的设计理念体现了海与路的结合、产业与生活的融洽、自然与城市的契合。金湾10万平方米的公园是一个神奇的海绵公园，雨天雨水会很快浸入地下蓄水层，储满水的蓄水层让水自动进入地下水池，以便日后做浇灌和清洗路面之用。

刘太格之后，金湾又请来了一位世界级的建筑大师扎哈·哈迪德，这位天才女性将迪拜的"沙漠之舞"带进了中国的南海之滨。钴蓝的人工湖周边，又建了市民艺术中心，包括剧院、音乐厅、科技馆、艺术展馆等复合体文化空间，实现了"用曲线改变世界"的建筑哲学，在中国的"天空之城"留下了神妙的一笔。

近年来，金湾逐步完善连通了西部沿海高速、香洲大桥、珠海大桥、港珠澳大桥、广珠城际轨道和机场快速路，使这个原是"海岛"的新城不再有"岛"的属性，而成为粤港澳大湾区的航空之"芯"，令以自然为基底的格局和一个面向未来的现代卫星城，走向亚洲、走向世界。

意大利作家卡尔维诺在《看不见的城市》中描述了许多城市，文中表达的一层意思是城市的真正魅力在于它是柔软的，它吸纳众多，无所不包，始终是希望的体现。换种说法，他让我们对逝去的梦境了如指掌，因为他看见了街景中的空间和墙壁，这就是佐贝伊德城。与此对应，珠海金湾这座"机翼"上的新城，它不是梦境，不会一觉醒来就化作泡影，而是人们每天上下班要走的路、要住的楼，是街巷相互缠绕着的城市。

住在金湾的作家朋友耿立说，他有一天在珠海的街头，竟然看到了庄稼地，在长数十公里的珠海大道机场路段的中间宽阔地带。其实，耿立说的是金湾区路段的绿化带，我见过，是在送朋友坐飞机的路上。原先种植的榕树、红枫、鸡蛋花、桃花心木等不见了，取而代之的是芦苇、波斯菊，甚至还有玉米和水稻。想想都会笑，肯定很多人会有疑问，大城市路中间的绿化带种水稻，那么抢眼，水从哪里来，能成熟吗？还有种玉米，人来人往，不怕被偷？但人家就是做到了。我除了佩服，还感到惊讶！这可不是老旧城区大爷大妈们的自留地，这肯定是市政管理人员的杰作。我甚至想，他们下一次会不会种上些辣椒和番茄？他们推陈出新，留住乡愁。

是的，在城市待久了，每天看到的不是高楼大厦，就是行人车流；不是争权夺利，就是尔虞我诈。我们还有多少时间去捡拾旧事、怀念故乡？珠海是个移民城市，每个人都有自己的故乡，或许有的人天生就出生在城市的阳台花盆里，而像我这样的人自幼就跟这些玉米、水稻打交道。渗入生命里的这些农作物，一想到就亲切，一看到就激动，它包含着多少难以解析的乡愁啊！

从前的金湾是孤独的，它在三灶岛默默沉积了数百年。而珠海大道就像是一个城市的血脉，它将原"海岛"金湾与市区紧紧地连接在一起。现在的它面对一个旧梦的终结，不断开拓和进取，让时间闪烁智慧的光芒，成为大湾区一颗璀璨的明珠。或许自此以后，这里将是一个美丽的世界，一次文明的辉煌。

遇见珠海

庆幸这一生没有错过珠海。

银河系中有一颗名为"珠海"的星辰，6000年前，一直照耀着黄杨山脉和珠江口一些海岛的沙丘、山岗，庇护着先民的生活。那些古越人的脚步和身影，在5000年前的时光里，就开始盘算哪些长矛可以追杀多少野兽，哪些渔网可以捕获多少鱼虾。在茫茫的古伶仃洋上，他们如一朵朵浮萍，没有可以长久依赖的家园，只能在风平浪静的时候靠小木船与周边的岛屿联系，蓬头赤脚，衣不遮体，飘荡在历史的河流中。

珠江的淡水和南中国海的咸水在这里交汇，孕育出一个丰饶的港湾，产生了一种咸淡水文化。古越人在这里生存，夷人来这里交易，东西方文化的交融，让这个显山露水的地方成为时代的交接点，思想碰撞的集散地。

近2000年来，珠海历经无数次战火的洗礼，如：东晋时期以孙恩、卢循为首领的农民起义军辗转来到大万山岛、东澳岛，宋元崖门海战，明朝嘉靖年间倭寇开始入侵广东沿海一带。无论是经历内战，还是抵御外辱，珠海都像一个志向高远的武士，在每一次被践踏后又勇敢地站起来，不屈不挠，坚毅淡定。于是，那些古寺、旧街、遗迹就比较完整地保留下来，成为一部"活"历史，向世人讲述老珠海的世事沧桑，让人茅塞顿开，让人豁然开朗，让人大彻大悟……

拱北关最初就是一个"税务"机关，它是一代珠海人的记忆，也是这片大海和土地的集体记忆。它因鸦片贸易而设立，因设关而改变了澳门的历史，是一个具有传奇色彩的海关,究其渊源,可一直追溯到16世纪初大航海时代葡萄牙人的越洋东来。

香洲开埠的时候,"新两合渔栏"开门迎客,三三两两的渔船靠岸,买卖声叫个不停。时间过去100多年,它还活色生香地立在香埠路90号、92号、94号,一直等着我的到来。看到它的那一刹那间,我的心竟怦怦然起来,这里还在重复100多年前的往事——买卖海产品和渔具。我不停观望,尽管墙壁有些斑驳、窗户有些脱落、榕树有些遮挡,我仿佛看到1909年4月22日,两广总督张人骏参加开埠典礼并题楷字木匾"广东香洲商埠",宾客逾万人,场面盛况空前。

北山村的传统和现代在我面前悉数坦陈。走进巷子里,不需要矜持,也不需要遮掩,思绪仿佛被卷进了历史长河的某个旋涡,时光一下子倒退好多年,仿佛让我回到清朝道光年间的古典和静谧。当音乐声响起的时候,似乎又回到现实生活的素雅和喧嚣。艺术家薛文说:"我们要保护这些古老建筑并活化利用,让年轻人在老建筑里互动。"如果你不想再被困在方寸之地,那就勇敢到街角广场去随着音乐节奏一起狂欢,从《尚伯岱车站》这个既有粤剧,又有爵士的音乐剧里,感受中西方文化的和谐共生。

平坦、宽阔的路面向前延伸,在六月阳光的蒸腾下,瓦蓝的天空和绿色的大地缠绕出氤氲的气息。不想躲在房间里烦恼,就驱车到花海长廊看繁花似锦,乘船欣赏珠澳海湾的璀璨夜色,或者到夏湾夜市品味市井生活,然后带着海风和黄昏的味道漫步情侣路。

"我不在家,就在去博物馆的路上。"数年前,当一位台湾青年把这句与家人低语的告别,悄悄传遍大陆的时候,我们这才发现,有一缕叫作"时间"的光芒,正在穿越一扇扇历史的门扉,或流连于雕花门楣、青砖黛瓦间,或穿梭在陆上风情、连天海景中。不与日月争辉,只与城市共享。正如蒋子龙在一篇散文中写道:"每逢冬季,总赶到珠海。似乎怀揣着一颗没有家或找不到家的灵魂,跑到哪里都适应。珠海,不与外界联系,没有朋友,更安静,更适于阅读与写作。"

一个城市的记忆，都必须打上文化的烙印。有着6000年文明史的珠海，尤其如此。让珠海人汲取文化营养的方式之一，是让莫言、韩少功、苏童、格非、阿来等中国当代作家与来自巴西、俄罗斯、印度、南非等金砖国家的作家们进行深入的交流对话，谈及新时代、新经验、新想象。珠海人的文化消费，还可以是到情侣路细腻的海滩上吹吹风，在昏暗的路灯下拉拉手，或者到日月贝大剧院看音乐剧。这是珠海人安逸的生活状态，是珠海人精神的展示。

珠海的富人比较低调，珠海的文人比较沉稳。珠海的休闲氛围和平民精神控制着这个城市的分寸感。只要有冗余的时间，就一定会有足够的空间，让古老与现代对话，让心灵与情怀对接。珠海的喧嚣繁华，珠海的市井文化，珠海的休闲舒适，珠海的经典美食，早已名扬四海……这些必不可少的元素，让珠海成为全国旅游者的集散地。

玩够了，走累了，四时海产轮番登场。百岛之市，细腻海珍，这是一个能够从大海中调制出鲜美滋味的地方。世代相传的渔谣里，蕴藏着多少海岛人独特的生活智慧和海鲜美食的秘密。走在600多公里的海岸线上，沐浴在四季蚝情的酒楼食肆里，鱼、虾、蟹、贝次第登场，无情藕、鸭扎包、黄沙蚬、炉煨鸡逐个亮相，天然的海洋之味，一场珠海特有的美食盛宴即将拉开序幕。

遇见珠海，有如遇见生活，遇见浪漫，遇见世界，遇见未来。在这里，无论是一条路，还是一座山、一片海，无论是繁华还是静寂，你能找到一块属于自己的精神领地，相遇了就难忘，相见了便难舍。

珠海，因你而幸福，因你而舒坦，因你而有无限美好的未来。

森林之城

在"人类生态学之父"帕特里克·格迪斯的眼中,城市应当"像花儿那样呈星状开放,在金色的光芒间交替着绿叶"。这是他对城市的生态环境、生活质量、人类与自然和谐共生关系的深刻思考,也是对生态发展的伟大愿景。

木棉花开的桂花路、青山耸翠的普陀寺、风光旖旎的脑背山、芦苇摇曳的珠海大道……从香洲到斗门,从唐家湾到高栏港,我的视野,不是被黄杨山环绕,就是在高速路穿越,更是在伶仃洋上的岛屿流连。青山与大海,城市与树木,沙滩与海岛,正在呈现出珠海的生命底色——绿色。

正如帕特里克·格迪斯对城市的空间布局构想那样,100多个星罗棋布的岛屿以城市为中心,以花开的姿态,呈星状绽放在这美丽的山海间。丰富的自然资源、得天独厚的地理环境、优越的气候条件,共同孕育了这座"浪漫之城""宜居之城"。同时这里还拥有"百岛之市""国家森林城市"等众多的雅称。珠海正以独特的魅力,展现着城市与自然和谐共生的美好画卷。

园在城中,城在园里,这是珠海城市的一大特色。

200米见绿,500米见园,是对城市建设的设想;让珠海人生活在巨大的公园里,让"森林"就在家门口,与树木共成长,与鸟儿同呼吸,与花儿迎雨露,这是珠海对市民许下最庄重的绿色承诺。

据说,珠海现在有大大小小的公园将近800个,比如被赋予历史意义的圆明新园,与山景、海景浑然一体的海滨公园,因山石嶙峋古怪、酷似各种动物而得名的景山公园,位于淇澳岛南端的南芒湾公园,横琴的芒洲湿地公园,还有海天公园、金银湾公园、香山公园等。每个公园都有其独特性，唯有园林中的林木、花草、湖水组成的青绿，是这座城市永远不变的颜色。这些镶嵌在城市中的公园，是城市发展中留下的一个个足印，是人们生命空间的不断延展。

公园是城市的肺，它以绿意唤发起一座城的勃勃生机；以湖水的清澈，洗涤城市的喧嚣与尘埃，为城市带来宁静和安详；又以花的明媚和蓝天白云相映成趣，令这些不可移动的园子，变得灵动而美好。这些城市中的绿树繁花在道路的牵引中如同流动的水彩，渗透在社区、公园和公共文化场所之间，分不清彼此的边界，如同一颗颗翡翠色的珍珠，串起这座"千园之城"。

我是一位奔走在路上的行者，我曾带着孩子到园明新园参观游玩，那是一个皇家园林的盛景，更是一种惨痛历史的记忆；我也曾和爱人牵手在海滨公园的情侣路上，一起感受情侣们的窃窃私语，一起聆听潮汐诉说的渔女故事；我甚至为了创作，特地驱车百里到中山公园、鹅岭共乐园、白莲洞公园、金融岛中央公园、横琴社区体育公园等城中公园现场取材……所到之处，盎然的绿意如影随形。园中林木郁郁葱葱，茵茵草坪与灌木交叠，它们层次分明，在园中花开四季，树木常青。

资料显示，2023年珠海市森林覆盖率为36.42%，城区绿化覆盖率为58.11%，人均公园绿地面积为19.5平方米。真正实现了200米见绿，500米见园，5公里可达综合公园，10公里可达森林郊野公园的规划蓝图，足以让这座"百岛之城"进入世界绿色城市的光荣榜。"我热爱珠海，也生活在珠海，因为这座城市从表面到肌理，每一个视角都散发着绿色的光芒。"在香港科技大学教书，而后定居珠海横琴的马健雄教授每逢教学需要，都会带着他的学生到田野考察，记录社会发展、历史变迁，这是他对珠海绿色生态的赞叹。

林在城里，城在林中。这句话生动地描绘了珠海城市与树林之间和谐共生的关系。

如果说，园与林、山与林是肌与肤的关系，那么，城与林就是骨与肉的关联。一座绿色城市，不管是公园还是山麓，如果没有树林，都将失去生命的颜色。我甚至无法想象，珠海的城市道路两旁若是没有树木的陪衬，是何等的苍茫和单调。

　　树木为城市提供了重要的生态资源，帮助城市改善空气质量。树木为城市提供生物多样性，使得城市的生态系统更加稳定和健康。无论是固岸护堤的"海洋卫士"红树林，还是各个公园里各自成林的树木，乃至城市道路两旁的风景树，都是城市里一道靓丽的风景线。如果没有飘红的落羽杉，我们如何感受层林尽染的美景；如果没有古建筑群里的长白松、红豆杉，我们如何理解生命的意义和色彩；如果没有梅桃杏李、向阳花开，我们如何获得春华秋实的喜悦？

　　树木是城市的绿肺，也是城市发展的见证。从北山杨氏家族160年的玉堂春，到白莲洞公园130年的鸡蛋花，见证了珠海的世事变迁和华丽蜕变。

　　因山而俊，因海而名。珠海的山与水，都跟它的成长息息相关。在海的依偎和青山的环抱中，绿色的城市森林与蔚蓝的海天盛景，浑然天成。珠海犹如

▲ 落羽杉前白鹭飞

一颗璀璨的明珠，徜徉在这美丽的山海间。

"而今，从空中俯瞰，不仅能望见珠海山海相拥、山城相融、林城相依的自然格局，更能细微地观测到森林进城、公园下乡、绿廊串联带来的生态变化。"这是一位摄影爱好者用无人机拍摄后对珠海的感受。类似的经验，在鹤洲生态农业园、三灶生态农业观光园、斗门樱花、油菜花观赏等众多休闲农林产业品牌中，都能得到验证和彰显。

珠海的山，海拔不算太高，能叫出名的如凤凰山、黄杨山、将军山、脑背山、板障山、石景山、尖峰山、观音山，以及种在伶仃洋里的众多岛屿，珠海的山植被苍翠，覆盖率达90%；珠海的海，除了赋予城市无尽的生机与活力，也促成了大航海时代中外贸易的往来，在东西方的贸易和文化交流中起到桥梁的作用；珠海的城，就坐落在这样的山海之间，在经历海风吹拂的同时，也感受近代文明带来的福音。

海洋和岛屿、沼泽和湿地、城市和森林，这些最适宜鸟类繁衍生息的地方，也正是珠海所特有的自然资源。随着城市生态环境的进一步改善，越来越多的鸟类选择在这里栖息。在野狸岛的海堤护栏边，当我的视线与一群白鹭相遇，它们在几艘归港的渔船上方忽远又忽近，或许是在觅食，或者是在嬉戏，仿佛是这座城市的使者，用它们的方式，向每一个路人传递大自然的讯息。

"森林之城"并非一个简单的标签，它的意义不仅在于一个名称、一块牌子、一项荣誉，更在于推动创造良好的人居环境，形成示范作用，弘扬生态文明，提升城市品位，促进绿色发展。"水清、绿浓、园秀、城美"的生态优势，正引领着这个宜居城市的协调发展，并形成"林在城里、城在林中"的城市生态建设典范。

都市里的村庄

有人将城中村称为"都市里的村庄"。在部分人的印象里，城中村似乎缺少的正是传统村落的诗意、宁静和美好。是啊，作为城市的夹缝地，城中村挤满"牵手楼"，抬头便是"一线天"，流动人口多，各种口音此起彼伏，房屋密度高、采光通风条件差、居住环境差，街巷狭窄，各种管线杂乱无章，排水排污不畅，垃圾成灾……

城中村，是城市化进程快速发展中出现的特殊现象。城市不断建设扩张，城市包围农村，同时在国家城乡管理体制和土地所有制结构作用下，滞后于时代发展步伐、游离于现代城市管理之外的农民仍聚居在原村居住地，形成了"城中村"。

珠海的城中村数量众多，分布广泛，涉及多个区域。2023年4月，珠海市自然资源局发布关于《珠海市城市更新（全面改造）2023—2025年中长期计划》，政府全力以赴推进21个城中村改造，推动旧工业区升级改造，同时稳步推进旧城镇连片改造，推动实施全面改造项目64个，通过城市更新落实基础教育设施包括幼儿园33所、小学13所、中学3所，实现供应保障性住房或人才房不少于20万平方米。

被纳入名单的城中村改造项目包括香洲区的湾仔银坑村、红山村、南溪村、翠微村、北山村、吉大村、北山村、联安村、上冲村等。一时间，万众翘首以盼，期待这些城中村华丽变身，实现城中村与城市社区的融合发展。同时，也将注重保护历史文化遗产和传承传统文化精髓，让城中村成为城市发展的重要组成部分和独特风景线。

洪湾村位于南屏镇南湾城区西南侧，地处有髻山脚下，偏远，交通落后。该村村民回迁房共16栋3200套，将建成含商业、酒店、办公等多种功能的现代化商业综合体，一期已竣工。

银坑村已全部竣工，根据最新规划，这里拥有幼儿园、邻里中心、社区体育公园等公共配套设施，堪比高档社区，成为珠海城市新中心的一部分。

翠微村位于香洲前山片区，人民西路以南，翠微西路以北，翠前路以西，临近城轨明珠站。这里历史悠久，文化底蕴深厚。根据整体规划，项目涵盖住宅、商业、邻里中心、办公（公寓）楼、小学、幼儿园、城市道路、公园绿地、市级不可移动文物韦氏大宅的用地等，2023年1月，山东健康集团正式接手该项目，结合"七街七里一条巷"的文化空间脉络，在保留历史文化建筑的前提下，将打造超2万平方米的中央岭南风情商业体验中心，集住宅、商业、文化等多种功能于一体的现代化社区，媲美广州的永庆坊、太古里。

吉大旧村位于吉大核心区域，地理位置优越；联安村旧改项目位于拱北，靠近拱北口岸，可眺望港珠澳大桥；南联村位于珠海市香洲区湾仔片区，由南山村和南联村组合而成；作物村位于湾仔片区的核心地段，周边有湾仔市场、湾仔海鲜街等。

南溪村、连屏村、广生村、永丰村（含永丰、那洲双龙村）、后环村、下栅山头坊（含下栅山头坊、下栅李庄、下栅下圩）等城中村的改造也在推进中。

永丰村、广生村等，是珠海市统筹做地试点项目，以"政府主导、国企攻坚、协议收储、净地出让"的城中村改造新模式推进。永丰村位于高新区西北部，这里将增加教育、绿地等设施，完善周边配套，提升居民生活质量，打造"生产、生活、生态"相融合的绿色、创新、人文新城。广生村位于南屏科技生态城，东起洪湾隧道，西至洪湾涌，南靠黑白面将军山，北接前山河，将建设成为集智慧化住宅、现代化商业为一体，公共服务配套设施完善的全新区域。

北山村的改造项目含北山村旧村场地、北山村办公娱乐用地、北山村两宗生产自留用地、南屏企业集团用地、南屏工业公司用地、珠海市供电局办公用地、南屏企业集团用地、国有未出让用地等，分为"两个片区三步走"："两个片区"指南屏海鲜街片区和北山村片区；第一步完成南屏海鲜街部分的改造，第二步完成北山村集体资产及村民回迁房的改造，第三步完成北山村旧村场的改造。

联安村有着上百年历史，改造一期已竣工。联安村靠近拱北口岸的区位，它的改造一直以来备受关注。

里神前村是一个有百年历史的老村落，位于老香洲神前路北侧、凤凰山脚下，改造项目涉及100多户，共300余人，已全部竣工，保留了村落原址的毛氏大宗祠、碉楼和古树等古迹。

上冲村改造项目总投资约140亿元，总工期约6年，预计动工后3年，村民可回迁，一期已竣工。

吉大村是珠海第一批启动改造搬迁26个城中村之一的改造村，预计动工时间为2021—2028年，一期已经竣工。

河头埔村改造后除了住宅区以外，还新增了邻里中心、幼托、小学、公园绿地和文物古迹等用地。一期已经开工。全面整改的同时，在对历史建筑及古树的保护方面也颇下功夫，让这里的古迹能得以延续并焕发出全新活力。

此外，南联村、东岸留诗山村、东桥村等的改造也在大力推动中。城中村的改造，和珠海的发展息息相关。

或许有一天，我们会走进这些城中村，但是它们已经不是昔日的模样，它们以新的面貌和新的气息，吸引我们，容纳我们。如果说城市的蝶变是一个又一个的奇迹，那么它们便是美丽的蝶翅上的一个又一个图形，以自身的美，装点着这个城市，成为城市不可或缺的一部分，成为我们魂牵梦萦的又一个家园。

和台风一起路过

2021年10月13日，热带风暴正面吹袭香港，逗留了约3个小时，便迅速转向广东。受台风影响，广东省东南部沿海出现了6级、阵风8级的东北风，珠江口附近沿海出现了7级到8级、阵风10级的大风，其中珠海的桂山录得24米每秒（9级）的大风。那次台风就是"圆规"。

台风之前，天气晴和，我们的一个作家团，正好去珠海采访。谷雨时节，雨水偶尔停歇的日子。高速公路两边高大的芭蕉、密集的甘蔗，以及那些叫不出名儿来的小黄花，它们不断退后。我们抵达时，珠海明亮的天空里有鹅黄的花粉轻扬。

驱车缓行，放下车窗，深深呼吸大街小巷菠萝蜜的甜香。城市锃亮的高楼幕墙之间簇拥着绿树和花朵，道路的两旁总有成群结队的姑娘，她们和这城市不可分离。一些身着薄裙的女孩掠过车窗，像鸟儿般在街边滑翔。

7月里荔枝已经摘尽，果实饱满香甜的龙眼又在路边堆成了小山。卖龙眼的妇女瘦小黢黑，挥动着树枝招徕过往车辆，笑容自信甜蜜。

车内广播预报了台风的消息，来自北方的作家们开始叽叽喳喳，有些害怕，又有按捺不住的好奇，不知道这个蓝得透明的海滨城市的台风是什么样的。

我们入住的酒店大堂门口，有一辆红色捷达小车在等候，司机是我们在本地的导游，穿花衬衣，戴金项链，颇有东南亚华侨风格。他带我们去一个海鲜大排档吃过午饭，就开车上路了。

"得抓紧时间。"他说，"赶在台风前带你们去情侣路走一圈。"途中他时不时看后视镜，仿佛台风的触须已经尾随其后。

没想到很快台风就真的来了。

天开始下雨，听得见怒吼的风声，雨借风势噼里啪啦地撒下，车里人视野模糊，路面的能见度迅速下降至50米左右，迎面而来的车辆都打起了雾灯。雨刮器似乎工作得很吃力，司机加大了油门迅速驶向前，像是要努力冲出这暴雨。

十几分钟后，雨势平稳了些，我们来到情侣路上。远远就看见怪石嶙峋的菱角嘴，汹涌弥漫的海水滚滚而来，撞在岩石上，堆起七八米高的"雪墙"，再狠狠地砸下来，发出轰鸣。来自内陆的人们第一次身临其境看到这样的情景，惊呆了。

雨点已经细小，风却从遥远的海面打着卷扑来，路边一棵新栽的椰子树被掀翻在地。海水逐渐上涨，司机停好车，要我们钻出车门，跟他往右边山上去，他是要找一块干净的高处的石头给我们。

大风呼啸，我们几乎站不住了，赶紧抱住一棵树。低头看，情侣路已经被淹，剩下一线半截栏杆在水面，混浊的海水泛着白沫顷刻间就扩张了它的疆域。我们听见司机惊叫起来，随他遥望的方向，看见那红色的小车，已经被海水托起，像一叶小舟随波逐流向海面漂去。

"我的车！"司机叫着往山下冲，但他快到山下时却被海水堵住了。司机只得转身往山上走。捷达车浮在海面渐去渐远，几乎看不见了。后来他向我们说，小车发动机泡了水，也基本报废了，只能联系保险公司。

之后，我们抓住安全的时机，有惊无险地回到种有高大的大王椰子树的酒店里。开了电视，出现一些海滨小镇房屋被台风掀掉屋顶和城市街道行人被积水淹到半腰的画面。窗外细雨蒙蒙，天空阴暗，远处的海面浊浪翻滚。

"广东省委、省政府已经发出了紧急通知，要求各地做好台风防御工作。省委、省政府派出两个工作组，已于今日中午时分火速奔赴'圆规'登陆可能性最大的地区……广东省气象部门再次启动的'捕风'计划将根据广东台风登陆点的时空分布状况，在台风到来之前，在粤东、粤西和海南岛沿岸等地区选取观测点，气象专家将首次在野外对台风进行实地跟踪探测。据了解，台风'圆规'于18日在西太平洋生成后发展成为台风，今天下午1时，台风中心位于我市东南方约450公里的海面上，台风中心附近最大风速为12级，以每小时25公里左右的速度向西北偏西方向移动。本次台风具有强度强、范围大、移动快的特点，且伴有强降雨。"

转换频道，但几乎每家电视台，无论广州话、普通话都在播有关台风的消息。即使是夜里，我们也能听见海上风浪的呼啸声，令人发颤，似乎整栋楼房都要陷到海里去了。从窗户可以看到窗外空调机的排水管被风刮得支楞楞的，忽然，整个酒店别墅区所有的灯光忽闪一阵后全灭掉了，远处就是无边无际狂躁不安的大海，浊浪排空翻卷而来。

黎明时分，我们准备离开，去下一个城市。蒙蒙细雨中，看见了台风在夜里掀掉的无数低矮房屋的顶，道路旁不时可以见到光着上身的男人或者迷途的牛羊。一些根基不稳的小叶榕树倒伏在地，到处可见山坡塌方，大石头滚落在公路上，高速公路许多路段被积水阻断。车内电台广播安慰着大家，台风今天就要过去了。

和每一座海滨城市一样，台风是这座城市的常客。对于珠海，最早4月，最晚12月，都会有台风造访，根据气象方面的统计，每年至少有3至4次，往往是在7月、8月和9月，也正是珠海的雨季，台风会"拥抱"这个年轻的城市。由于珠海地处低纬度地区，常年气温较高，加之濒临南海，春夏季盛行暖湿的偏南气流，台风天下雨时还极易导致雷电的发生。所以，回忆我们在情侣路旁边的山上，在风雨中本能地抱紧大树的行为，其实是多么危险，如果有雷电袭击，后果不堪设想！

回顾珠海的气象史，2017年的"天鸽"台风，也深深嵌入人们的记忆。当年8月23日，"天鸽"正面袭击珠海，在生成后短时间内便升格为强台风，登陆时部分地区最大阵风达17级，且移动速度快，影响范围广，持续时间长。大量树木倒伏，大面积停水停电，通信部分中断，道路交通受阻，珠海歌剧院附近海浪翻腾，情侣路被海水淹没，海燕路海水倒灌，洪湾水闸波涛汹涌，湾仔旅游码头被淹，珠海大桥两辆货车被吹倒，横琴金融岛工地变废墟，香洲码头船只搁浅，机场的大型客机似乎被飓风推搡着摇晃不停，市区粗壮的大树也不幸被连根拔起，银海湾已淹辨不清路……

年长的人们都认为这是最厉害的一次台风。但即使是这次，众志成城的珠海也挺住了！人不能胜天，但人类建设自己美丽家园的力量越来越强大，珠海有能力保护自己美丽的城市、幸福的生活。2020年2月1日，《珠海经济特区防台风条例》施行，为科学防御台风提供了方法和依据。

我仍清晰地记得，那次台风"圆规"，让我们认识了一个新城市的美丽和坚韧，虽然台风雨淹没了各条道路，我们的车在该出发的时间又重新发动了。

那是多雨水的7月，荔枝摘尽之后龙眼格外甘甜，还有木瓜金黄金黄，就垒在道路的两边。我们和台风一起路过，心房被绵绵细雨胀满。天空中的雨水像金丝银丝，将远方的城市打扮得辉煌，海边蓝色的风挟裹着晶亮的雨水，城市的花瓣在生命无垠的梦想中发出爆响……

那时，我们的心里在呼唤：珠海，等我，等我们的再次拥抱，像鸟一样飞，像花一样开，像无垠的大海起伏和感叹……

牵手与守望

  珠海，粤港澳大湾区的重要门户枢纽、珠江口西岸核心城市、沿海经济带高质量发展典范，是全国唯一一个与港澳路桥相连的城市，有着"百岛之市""海滨花园城市""南国明珠""浪漫之城""森林之城""幸福之城"的美誉。那么，珠海在经济社会文化发展中，如何抓住机遇、发挥优势，与别的城市携手共进、协调发展，成为美好生活的典范城市？正如帕特里克·格迪斯在《进化中的城市》中说："城市必须不再像墨迹、油渍那样蔓延，一旦发展，他们要像花儿那样呈星状开放，在金色的光芒间交替着绿叶。"

  珠海、香港、澳门是粤港澳大湾区的三个重要城市，它们在地理上紧密相连，在经济方面相互依存，在文化层面相互促进，共同构成大湾区里一道亮丽的风景线。它们像三颗熠熠生辉的明珠，闪烁在南海之滨；又像三个紧密团结的兄弟，紧密相依，相互守望，一起携手共进，为大湾区的繁荣发展贡献自己的力量。

  在历史上，珠海、香港、澳门同是地处珠江口的沿海城市，拥有相似的文化背景和历史传统。珠海，从秦始皇统一中国后，就没有离开过祖国的怀抱。它从一个小小的渔村，历经千百年后，终于成长为一个拥有5个陆运口岸、5个水运口岸，仅次于深圳的中国第二大口岸城市。而香港与澳门不一样，虽然它们自古以来就是中国的领土，但它们的命运更为坎坷，它们曾受外国侵略者的殖民统治，被掠夺，被强占，被强迫骨肉分离。在那些风雨飘摇的岁月里，这三个本是骨肉相连的亲兄弟，却因为惨痛的历史而被迫分离百余年之久。在这个不同历史文化的背景里，如何牵手发展？

在不同时期，珠海从经贸、金融、科技、文化等多方面推出了支持港澳合作的举措。"硬联通、软衔接、心相融"，全力支持香港、澳门发展经济、改善民生，融入国家发展大局。

回顾历史，其实珠海与港澳牵手的故事，已有40余年。三方发展之路，犹如一幅波澜壮阔的画卷，留下了深刻的足迹和耀眼的成果。改革开放的初期，珠海还是一个名不见经传的小渔村。然而，在1980年8月，它被正式设立为经济特区，成为改革开放的先锋阵地。自那时起，珠海与港澳的合作便如同星星之火，迅速燃烧起来。

最初，珠海与港澳的合作主要集中在贸易和投资领域。港澳企业纷纷进驻珠海，带来了先进的技术和管理经验，推动了珠海经济的快速发展。同时，珠海也积极向港澳学习，借鉴其成功经验，不断提升自身的竞争力。

随着深入的合作，珠海与港澳在多个领域都取得了显著的成果。在产业合作方面，珠海与港澳共同打造了一批具有国际竞争力的产业集群，如电子信息、生物医药、新能源等。这些产业的发展不仅为珠海带来了巨大的经济效益，也为港澳企业提供了广阔的市场空间。夏日艳阳，海天一色，随着港珠澳大桥的顺利通车，珠海更是以桥为媒，与港澳在经济、文化、教育、文旅等多个领域实现了紧密的牵手与合作。珠海与港澳正携手同行、双向奔赴，深度融入粤港澳大湾区高质量发展的洪流中。

港珠澳大桥的建成通车，不仅缩短了珠海与港澳的时空距离，更加强了三地之间的经济联系。城市互联互通、产业串珠成链，珠港澳三地民生融合有望绘出更大"同心圆"。《珠海市基本公共服务"十四五"规划》提出，要多领域深化推进粤港澳民生合作。一系列对接港澳规则与制度的探索正在推陈出新。

在经济社会方面，珠海正加快构建港珠澳大桥经贸新通道，以发展跨境物流为核心，带动内地与港澳之间人流、物流、资金流、信息流、创新流的快速融合发展。生活半径的扩大，时空距离的缩短，使得三地商旅往来便捷。"人车自由行"的全新跨境体验，吸引着越来越多的港澳居民，从珠海进入内地，融入国家发展大局。

在文化旅游方面，珠海与港澳合作构建了文化交流框架，通过举办如大湾区文化创意设计大赛，大湾区非遗交流大会，航空、康养研学旅游等活动，深化粤港澳的文化交流与合作。同时，珠海联合港澳开发"一程多站"旅游线路产品，推出吸引港澳游客的旅游线路和消费场景。针对港澳游客，珠海优化全域文旅配套服务，升级了文旅产品和服务，开发了多种与港珠澳大桥相关的旅游项目，如游船"海上看港珠澳大桥"、实景光影剧等，为游客提供了丰富的旅游体验。

在人才保障方面，珠海出台了多项政策，支持港澳青年来珠海就业创业。如鼓励企业赴港澳高校举办招聘活动，对招用港澳高校应届毕业生的企业给予社会保险补贴；港澳户籍高校毕业生在珠海就业创业，可享受包括小微企业社保补贴、灵活就业社保补贴、高校毕业生基层岗位补贴等在内的多项补贴；港澳青年人才在珠海还可以享受住房（租房和生活）补贴；等等。同时，珠海和港澳都注重人才培养和引进，通过"一核一带一区"的合作模式，举办各类活动和出台政策，为三地的人才流动和就业提供便利，进一步破除珠海与港澳在就业创业、社会保障、执业资格等方面存在的人才流动障碍。

在民生养老方面，珠海是全国宜居城市，"浪漫之城""森林之城"的美誉令许多港澳居民心向往之，珠海成为养老之地的最佳首选。珠海将充分发挥毗邻港澳的优势，加强互动机制，破除粤港澳三地医疗机制性障碍发展，发展以老年医疗、康复护理、健康体检等为主的老年健康服务产业，尽快形成"养老+医疗康复"一体化的产业发展模式，让粤港澳三地居民老有颐养。

伶仃洋上，珠江两岸，车流不息。珠海、香港、澳门之间因为地理位置相邻、经济联系紧密、合作交流频繁、文化联系深厚，发展虽存在差异但具有互补性。三地牵手，发展的空间更为广阔，更具有战略意义。

珠江的咸淡水，香江的海风，濠江的灯火，相映成一幅生生不息的画卷。放眼三地，新的协奏曲已经响起。

穿过湾区的目光

珠海犹如伶仃洋里生长着的一枚扇贝,它一直隐居在珠江口的怀抱里。

穿过湾区的目光,我看到珠海被历史记忆,被人文感怀,被高楼整容,被绿植掩映。

脱去迷茫的外壳,我在大湾区的核心——广州南沙锲而不舍地描绘珠海。或执着,或困顿的时候,就开车沿广澳高速在两个城市之间穿梭。其实,我们曾经同属一个城市:东汉建安十五年(210年),东吴刺史步骘统兵取岭南,香山岛属东吴南海郡番禺县地;1953年,南沙的大小虎山、龙穴岛、万顷沙等一起划属珠海,为珠海县第四区。我就在这样的区域里工作和生活,寻找人情味、文化味、烟火味,终于与来自四面八方有着不同生活印记、不同文化背景的人们一起,成为非土著的"广州人"。

我们同在一个湾区里生活,际遇在有6000年历史的珠海。在这片百越之地的宽广海域,和那些荒芜的岛屿上,先民渔猎、刀耕火种。远古人类活动的遗址——沙丘遗址,在从前无人知晓的某一时刻留下最早的印迹,整个珠海的历史就在后沙湾、草堂湾、宝镜湾等沙丘遗址的陶片饰纹和摩崖石刻的舞蹈中变成了一部视觉史。

在漫长的历史发展时期,沧海桑田,丘陵沙滩,珠海发生了翻天覆地的变迁,经历过多次人口迁徙和社会融合,形成了一个兼容并包、文化多元的社会文化体系。我们就在这种多元文化的氛围里成长。在一个由海洋文化、移民文化、红色文化和近代文化,以及海岛风情所构成的文化根脉中一呼一吸地成长。走进珠海，在这个咸淡水交融的城市里，我就像一条鱼，在大湾区的浪涛中游来游去。无疑，这是一个广阔的天地，是一派怡然自得的生动场景。我获得文脉的滋养，尽力成为一个眼里有光亮、心底有力量的自己，让灵魂栖居在这个历史丰厚和不知所措的土壤里。

《香洲史话》写道："每当暮霞映染的时候，我伫立香炉湾、漫步山场路、徜徉香山湖，香洲总是以'海上云天''木棉吐艳''湖光山色'的景致带给我心灵感动和诗意遐想。"是的，我也在香埠路、朝阳路上彳亍，肆意发挥无尽的想象，倾听历史的足音，寻找115年前香洲开埠时的踪影。我与那些修缮过的遗迹尽量保持最近的距离，使身体内部趋于迟钝的感觉器官变得敏感起来。开车经过山场路，很快进入兴业快线，那5.8公里长的杨寮隧道，让我感受压抑的同时，也领略时间的短暂。

很多人到外地游玩，都想找一个当地的标志性风情点，玩一玩、吃一吃、拍一拍，意图在走马观花的旅程中留下一些独特的记忆，创造一些浪漫的气氛。珠海的风貌与其他城市迥然不同，"城、山、江、田、海、岛"是它的一

▲ 珠海夜景

大特色。它的休闲雅致和生活韵味,都浓缩在情侣路上那些在椰树下讲情话,在沙滩上吹海风,在喧嚣中打卡渔女,在青石板上悠闲散步的年轻人或老年人身上。在风清朗月的晚上,伫立香炉湾畔看日月贝的霓虹变幻,有种时空交错的感觉。

很多到过或移居珠海的"异乡人",对珠海有一种独到的眼光和不舍的情结。因为它的人文和环境,代表着某种标准,或者说它就是现代城市的标杆。几乎没有一个外来者,会对这座城市流露出轻蔑的态度。他们被珠海的特质吸引,而他们的到来,又使珠海变得更加舒适、浪漫、生态、活力,并如生命般拔节生长。

1591年夏,汤显祖到香山访友,足迹遍及珠海、澳门。商业在中原农耕文明一直被视为"末业"备受抑制,但海外经商传统却孕育了珠海人重商的文化传统。这块"海上丝绸之路"发祥地带来的精神风貌,形成的思想观念,显然迥异于中原。香山地区商品经济和农耕社会的反差使他惊叹不已,于是写下《香岙逢贾胡》:

不住田园不种桑,连珂衣锦下云墙。

明珠海上传星气,白玉河边看月光。

"城市如人,有其灵魂、肉体、五官、骨肉、血脉、呼吸。""记得头一回访问珠海,紫荆花开得旺盛,榕树如盖,棕榈成行,一棵结满黄色果子的树,抓我眼球。问三位市民,无人知名。无名树下,有容闳雕像——中国留学生之父。"作为一位文化学者、大学教授,江冰先生多次受邀从广州到珠海访问讲学,主讲过"睇湾区,话岭南——阅读市集""粤菜的乡愁与文化认同"等,还专门出版专著介绍珠海的"食"。从他的言行中,可以看见他对岭南文化不遗余力地推广,可以更深地感受到珠海的魅力。

"我是一个闯入者,是一个异质,我必须落地生根,虽然在这个世界上,我们都是异乡人。""看到这里冬季灿烂的花，那羊蹄甲花，那异木棉，我觉得，我故乡的冬天，太单调，土地太贫寒。看到这里早茶食品的繁复和花样，我觉得，北方的是那样粗粝和粗糙。"耿立在《暗夜里的灯盏烛光》中这样写。作为一名大学教授，一名山东人，耿立移居珠海10余年，有很多的经历和感受。看得出来，他已经融入了这座城市，他被珠海的地域特色和生活方式所感染，他们相互成就，形成了一种默契。

然而，罗马不是一天建成的，珠海也不是大海漂来的。是决策者们的智慧和广大珠海人奋斗的结果。比如2000年4月14日，一场特大暴雨袭来，珠海市的中心城区香洲区各城中村全面受淹。村内几乎都是"一线天""握手楼"，违章建筑、消防隐患严重，历史和现实问题凸显。

一场百年一遇的大暴雨，催生了一个历史性的决策。

时任珠海香洲区委书记丘树宏在著作《别了，城中村》中记述："我清楚地记得，那个时间我和市委书记黄龙云正在省里参加全省城市建设工作会议，收到暴雨消息的龙云同志当夜带我赶回珠海了解灾情。看到城中村一片汪洋，变成'水中村'的境况，我们的心情都非常沉重。结合广东省城市建设工作会议的精神，根据眼前的实际情况，龙云同志当即决定，尽快启动城中村改造，并作为近几年城市建设的重点来部署实施。"

特区建设以来，珠海一直秉承"生态优先"的发展理念，不断探索环境保护、经济发展与社会建设相协调的发展方式。在《珠海市国土空间总体规划（2021—2035年）》中，坚持生态文明思想，树立创新、协调、绿色、开放、共享的发展理念，实现高质量发展。凭借城市环境改善取得的巨大成就，珠海于1998年成为我国首个获得联合国人居署颁发的"改善居住环境最佳范例奖"城市，并先后获得中国旅游胜地四十佳、国家卫生城市、国家园林城市、国家环保模范城市、国家级生态建设示范区等荣誉称号。

于是，生态文明始终环绕在人们的脑海中。著名作家莫言受邀到珠海北师大讲学，校领导曾跟他说过，"北师珠"很美，一定要去看一下。"他们好像希望我把家搬到这里来一样,今天早上转了一下,感觉他们说得没错,而且有所保留。"同样在北师大讲学,著名作家余华则说:"北师大本部应该搬到珠海来,珠海的青山绿水有助于学习。"

珠海作为粤港澳大湾区的新锐增长极,正发展成为更宜居、更宜业的国际化滨海城市,吸引着越来越多时代名人的注目。2023年11月4日,著名企业家马斯克的母亲——梅耶·马斯克女士造访珠海,带来了她的自传文集《人生由我》,并和珠海读者分享了她的家庭观、财富观和价值观。此次珠海访问,她不仅参观了古朴典雅的容闳书院,打卡了温馨浪漫的日月贝,同时还感受了美丽海滩和城市阳台。这座城市的独特魅力给梅耶·马斯克留下很深的印象,让她在珠海这座"理想之城"拥有了美好的回忆。

珠海,从一个相对封闭的"边陲小镇"转身为拥抱全球的"开放之城",以更包容的气度和更开放的自信,呈现出更国际化的城市服务水平。随着开放的步伐愈加稳健和粤港澳携手同心,珠海已准备好随时走向更广阔的世界舞台。

穿过湾区的目光,我看到了许多政治家、军事家、外交家、实业家、文学家、教育家和艺术家,他们影响和推动了珠海的历史进程。今天,当我们欣赏珠海的美好景致时,也踏进了时光的深处,听见历史的足音在耳边回响。

后记

当我们确定了要书写珠海时,我们是兴奋的。这座年轻的海滨城市,它那么明亮,每一天都比昨天更美,所有在此居住、到此流连的人,都因它而更加热爱生活、期待未来。我们该如何去观看和感受它?用怎样细腻的笔触,去描摹出它女神般的风姿和丰厚的文化精神?

我们开始了在珠海大地上的行走。

踏上蜿蜒洁净的情侣路,遥望水天一色、光雾笼罩的珠海渔女,她就是我们心中的神,是珠海的象征。

我们的城,它从大海来,沐浴海水而诞生。

辽阔的海域,海岛众多,东澳岛、荷包岛、外伶仃岛、淇澳岛、九洲岛、高栏岛、担杆岛、桂山岛……一座座海岛矗立在汪洋之中,宛若仙岛踏浪,无处不是旖旎风光。

海岛的身躯,刻画着地球地质演变的历程。摩崖石刻留下原初的记忆,伴随山与水演绎的自然史诗,奉献给我们人类海洋文明诞生的明证。

从原始穴居到筑巢而居,从"因城而市"到城市现代化,人类已经翻过了无数历史篇章。人筑建了城市,城市记录了人的生活,沉默的建筑,因人类的记忆、因多元文化的融合而生动无比。

回溯建城的历史,厘清城市血脉所在,岭南"原乡"的生活气息和独特魅力吸引着我们。

乡村是城市的母亲。

我们去唐家湾、北山村、南门村，去百年古镇。

每一个人类聚居地的前世今生，都演绎了一段文明发展的生动过程。

古老的庙宇和崭新的街区并立，历史与现实沟通，疍家文化、海洋文化、移民文化多元融汇、开放包容。

圆明新园、丽岛银滩、共乐园、渔女香湾、飞沙踏浪、黄杨金台、梅溪牌坊……看不够的"珠海十景"；三灶鹤舞，水上婚礼，乾务飘色，沙田民歌……赏不够的民俗风情。

人在城中劳作、生息，城市因此充满活力，日益兴盛；城市为人提供休养、庇护，提供生存的空间和物质条件，人因此胸怀梦想和希望，拥有灵魂的宿地。

每一口空气都如此甘甜，每张笑脸都如此温馨。

据说，20世纪80年代初，香港的孩子们猜谜：只有一条街道，只有一个红绿灯，只有一间百货商店，也只有一个交通警察。这个城市叫什么名？

是的，谜底是珠海，它曾经就是这么"简约"。

数十年弹指一挥间，发生翻天覆地的变化，城市化的快速发展是我国社会结构变迁的最大特征。珠海的城市变化，是这个现代化进程中的一道绚烂风景。

而今，数百年前的一片盐场，数十年前的一条街，已经演变为陆地面积1725平方千米、领海基线以内海域面积9348平方千米的国际海滨城市。

"城市是人民的城市，人民城市为人民。"

莎士比亚晚年写罗马时，也在他的历史剧《科利奥兰纳斯》中高呼：没有人民，哪有什么城市？

我们徜徉于蝶变中的城中村。

城中村的变化，遵循着城市与人和谐共存的原则，并在满足人们对城市的需求和期望中不断创新发展。

像一个个巨大的精神容器，这些都市里的新村庄，容纳了本地人，也容纳了外地人，让疲惫的心得到安顿。

是的，城市即人。人与城相互依赖、休戚与共，互相成就，城拥抱着人，人依偎着城。

粤港澳大湾区的核心枢纽，新时代丝绸之路的新地标，在这里，水相连、桥相通、心相印。

收笔即遗憾。

绿美之城，浪漫之城，梦想之城，我们心中的芳香之地，如此广博而丰富，区区几十篇文章，怎么能够将它清晰描绘、完整讲述？

这需要亿万双眼睛的观看，需要亿万心灵的感触。

所以，唯有你们，亲爱的读者，所有热爱珠海的人，期待你们的抵达和感受。在这座城市的所有道路上，无论熟悉还是陌生，亲临的足音，皆有亲切的回应。

作者

2024年7月

参考文献

[1]《古元纪念文集》编辑委员会.古元纪念文集[M].北京：人民美术出版社，1998.

[2]黄金河.文化三灶[M].北京：中国戏剧出版社，2005.

[3]朱晓明，周苋.寻找唐家湾[M].上海：同济大学出版社，2006.

[4]中山市档案局（馆），中国第一历史档案馆.香山明清档案辑录[M].上海：上海古籍出版社，2006.

[5]肖一亭.珠海沙丘遗址研究[M].珠海：珠海出版社，2008.

[6]容闳.徐凤石，恽铁樵.西学东渐记：容纯甫先生自叙[M].广州：新世纪出版社，2011.

[7]卢权，禤倩红.苏兆征[M].北京：中国工人出版社，2012.

[8]珠海市档案馆，珠海市前山中学.百年香洲[M].广州：广东教育出版社，2014.

[9]《唐家湾镇志》编纂委员会.唐家湾镇志（1524-2013）[M].广州：广东人民出版社，2015.

[10]郑昀编.珠海遇见你[M].北京：五洲传播出版社，2019.

[11]杨梓光.探秘东澳海上国门[M].北京：中国海关出版社有限公司，2020.

[12]杨勉.香洲开埠：清季创设"无税口岸"的尝试[J].四川大学学报（哲学社会科学版），2021（5）.

[13]中共珠海市委党史研究室.珠海党史知识[M].广州：广东人民出版社，

2021。

[14]中共广东省委党史研究室.广东英烈故事（上）[M].广州：广东人民出版社，2022.

[15]陈静.香洲史话[M].广州：花城出版社，2023.

[16]张昕.苏曼殊传[M].北京：文化发展出版社，2023.